Didática dos Níveis Pré-silábicos

Esther Pillar Grossi

DIDÁTICA DOS NÍVEIS PRÉ-SILÁBICOS

18ª edição

PAZ & TERRA

Rio de Janeiro

2022

© autora
Copydesk: Victor Enrique Pizaro
Revisão: Carmen T. S. Costa
Capa: Miriam Lemer
Texto de capa: Pedro de Luna

Dados Internacionais de Catalogação na Publicação (CIP)
(Câmara Brasileira do Livro, SP, Brasil)

Grossi, Esther Pillar.
    Didática da alfabetização / Esther Pillar Grossi. – 18ª ed. -
São Paulo/Rio de Janeiro: Paz e Terra, 2022.
    Conteúdo: v. 1. Didática dos níveis pré-silábicos – v. 2.
Didática do nível silábico. – v. 3. Didática do nível alfabético.
    1. Alfabetização 2. Alfabetização (Pré-escola)
I. Título

CDD–372.21
–372.41
90-0765   –372.4140981

Índices para catálogo sistemático:

1. Alfabetização: Pré-esola: Educação   372.21
2. Alfabetização: Ensino de 1º grau   372.41
3. Brasil: Alfabetização: Projetos: Ensino de 1º grau   372.4140981

1ª edição: 1º semestre 1990

Rua Argentina, 171 - 20921-380 - Rio de Janeiro/RJ - Tel.: (21) 2585-2000
www.record.com.br

Seja um leitor preferencial Record.
Cadastra-se e receba informações sobre nossos
lançamentos e nossas promoções.

Atendimento e venda direta ao leitor:
sac@record.com.br

2022
Impresso no Brasil / *Printed in Brazil*

ÍNDICE

REAPRESENTANDO QUASE 20 ANOS MAIS TARDE

Reapresentar as Didáticas da Alfabetização me proporciona uma tríplice alegria. A primeira delas é a de constatar a vitalidade destes três livros das Didáticas, depois de quase duas décadas. A sua vitalidade vem do fato de que elas permanecem perenemente atualizadas. A revisão que está sendo feita para reeditá-las é muito mais de acréscimo que de alterações. É gostoso e reconfortante para mim, que continuo diuturnamente debruçada na pesquisa sobre aprendizagens escolares dar-me conta do quanto é ainda pertinente o que escrevi nos idos de 1980 sobre esta aventura fantástica de transformar alunos em leitores e escritores.

A segunda alegria é porque a Editora Paz e Terra relança estas três Didáticas com vistas à comemoração da venda de um milhão de seus exemplares. Ora, um livro técnico-científico entrar nesta perspectiva alvissareira de estar em mãos de um milhão de leitores é motivo de muita satisfação. Parece-me que este fato pode revelar a descoberta do encantador que é produzir a façanha do acesso à linguagem escrita. Este acesso, para muito além da criação de um novo modo de comunicação, é fonte de fecunda ampliação das possibilidades de pensar.

Em terceiro lugar, minha alegria se deve à perspectiva do lançamento do quarto volume destas Didáticas, em cuja produção escrita estou séria e apaixonadamente empenhada. Mais do que a produção do livro, o que vem me apaixonando é a descoberta dos liames de um processo vivo de construção de hipóteses que os alunos seguem fazendo depois de alfabetizados, para atingir um domínio mais amplo da leitura e da escrita, assim como para campos conceituais em qualquer uma das demais disciplinas do currículo escolar. Aguardem o quarto volume destas Didáticas para se deliciarem com uma introdução à riqueza dos novos rumos que têm pela frente a tarefa de produção de conhecimentos.

Por outro lado, estas didáticas são necessaríssimas, frente ao elevado número de analfabetos com os quais ainda convivemos, na maioria das vezes sem nos darmos conta, porque esta realidade vem visceralmente acompanhada do desejo de invisibilidade dos que não tiveram o prazer e a chance de falar de forma mais ampla, através da escrita. As pessoas que não sabem ler nem escrever padecem muito. Vivem um padecimento acompanhado de vergonha, porque se atribuem a culpa por não terem construído uma competência que é acessível a crianças, em torno dos 7 anos de idade. Eles são como estrangeiros permanentes em suas próprias pátrias. Vivem no seu dia-a-dia, o mal-estar de quem viaja por um país do qual não conhecem a língua.

No Brasil, os analfabetos adultos são em número aproximado de 50 milhões, entre absolutos e funcionais. Na Colômbia, onde o Geempa vem trabalhando também em alfabetização, são 3 milhões de adultos que não desfrutam desta conquista estupenda que é a escrita. Isto sem falar na tragédia que vivem milhões de crianças dentro das salas de aula, a cada ano letivo, as quais não logram o domínio da leitura e da escrita. Não é uma mera casualidade que estes alunos são pobres e que não interferem nas possibilidades de reprodução do sistema econômico no qual se assenta nossa vida social. Por isso o enfrentamento deste problemão é sempre postergado, como o foi quando da eleição prometedora de Luis Inácio Lula da Silva, para a presidência do Brasil. À testa da Secretaria de Alfabetização, criada naquela ocasião, no Ministério da Educação, foi colocado um engenheiro agrônomo, completamente alheio às competências exigidas para tal responsabilidade, incapaz de levar adiante um programa de formação de alfabetizadores que alfabetizassem, de verdade, a tantos que, legitimamente em seu mais sagrado direito de inserção humana, seguem invisíveis, ansiando por isso.

Que estas Didáticas sigam possibilitando produzir satisfação a professores, pelo êxito em suas tarefas de alfabetizar e, mais ainda, sigam produzindo felicidade aos alunos por transporem o limiar de cidadania que é fazer parte da população que lê e que escreve.

As reformulações para o relançamento da Didática dos níveis pré-silábicos em novo formato melhoraram bastante a distribuição seqüencial de seus capítulos, que passaram também a ter títulos muito mais expressivos que antes. A reordenação dos textos está muitíssimo mais didática.

Logo após esta reapresentação, o capítulo "Uma rede de hipóteses explica o processo de alfabetização", a respeito da zona proximal que leva ao letramento, mostra claramente a inserção dos níveis em um esquema de ordem parcial, que transita em torno de quatro eixos, a saber: leitura, escrita, conhecimento das letras e unidades lingüísticas.

O prefácio de Barbara Freitag, que é o terceiro capítulo deste livro, traz uma análise consubstanciada da história do Geempa e em particular da proposta de alfabetização sobre a qual ela escreve "trata-se de uma experiência bem sucedida, cientificamente fundamentada, politicamente engajada e duradoura".

O que Barbara Feitag escreve é digno de leitura atenta, pois ela se debruça, como é sua característica intelectual, com muita profundidade de análise, em cima de inúmeros conceitos em epistemologia, pedagogia, didática, sociologia e política. Ela o faz considerando projetos que tenham tido sucesso em introduzir os princípios psicogenéticos em sala de aula, no mundo. É reconfortante e alentador vê-la caracterizar a proposta do Geempa como única no mundo e de muito valor. Por outro lado, Barbara prevê uma prova de fogo para o Geempa: a minha saída para ser a Secretária de Educação de Porto Alegre, em 1989. Nos 20 anos subseqüentes, não só o Geempa não desapareceu, como prosseguiu firme no cumprimento de suas finalidades que são o estudo e a pesquisa das ciências da educação, ampliando muito, tanto sua área de atuação como sua produção científica. Imperativo lembrar a alfabetização de 1000 mulheres em Porto Alegre, a massiva alfabetização em Horizontina, a alfabetização de funcionários na Câmara dos Deputados, o trabalho estupendo na rede de ensino público de Brasília, atingindo 3000 salas de aula, a recuperação de 300 alunos defasados em Caldas Novas, em Goiás, a alfabetização em 30 municípios do Ceará, o projeto Dom Helder Câmara em Pernambuco, na Paraíba, no Piauí e novamente no Ceará, os convênios com redes de ensino de Camarajibe (PE), de São José do Rio Preto (SP), de Londrina (PR), de Resende (RJ) e de inúmeros municípios do Rio Grande do Sul. Tudo isso vem se complementando com a alfabetização na Colômbia e nos núcleos do Geempa em várias partes do nosso país que funcionam autonomamente, sem o respaldo oficial das autoridades educacionais locais.

E, neste ano da graça de 2008, nossas atividades, além do já citado, vão desde um projeto com a Secretaria de Educação do Rio Grande do Sul em 20 municípios do Estado, em que fazemos uma formação continuada de 400 professores regentes de 400 turmas de 1º e 2º ano do ensino fundamental. Portanto, ampliamos nossos estudos, pesquisas, formação de professores e experimentações didáticas pela primeira vez massivamente para a pós-alfabetização. Esta ampliação inclui, junto com a pós-alfabetização (ou seja, aprendizagem da língua portuguesa), matemática, estudos sociais, ciências naturais, artes e técnicas. Apoiada nela é que está sendo redigido o quarto volume das Didáticas. E no campo das matemáticas estamos atendendo solicitação do Colégio Israelita para assessorar uma reformulação do currículo desta escola, à luz das idéias pós-construtivistas.

Sem falar que o Geempa comemorou seus 35 anos produzindo 35 publicações e que tem sido o promotor dos Fóruns Sociais pelas Aprendizagens, já em sua quarta concretização, com aprofundamento e ampla socialização de suas elaborações científicas.

Fica eloqüente a vitória do Geempa na prova de fogo prevista por Barbara Freitag em janeiro de 1989.

Entretanto, o prefácio de Barbara tem muito mais elementos interessantes para serem apreciados pelos nossos leitores. Ele é um belo apanhado avaliativo dos esforços para pôr em prática o legado piagetiano. Nesta reedição da Didática dos Níveis Pré-silábicos fazemos, solenemente, um agradecimento caloroso à Doutora Barbara Freitag, não só pelo seu prefácio a esta obra, mas pelo muito que ela vem fazendo em favor da educação no mundo.

O quarto capítulo "Por que níveis pré-silábicos, no plural?" aborda as razões que justificam a definição de um nível présilábico 1 a partir das exigências epistemológicas de que nível psicogenético corresponde à estrutura de pensamento.

Em "Psicogênese da alfabetização – Uma trajetória singular" pode-se ter uma perspectiva longitudinal de todo o processo rumo à escrita no qual estão inseridos os dois níveis présilábicos.

No capítulo 6 "Não há prática sem teoria", se vai mais fundo no embasamento das instâncias que levam a aprender.

"Como chegam à escola muitos alunos", que é o título do capítulo 7, apresenta a correlação entre esta forma de alfabetizar e o que trazem de casa alunos de classes populares, para no capítulo seguinte explicitar estratégias que levem em conta a bagagem singular deste alunado para reverter seu insucesso na escola.

Um pequeno capítulo de síntese das características do nível pré-silábico 2 é complementado por "Hipóteses do nível PS2 e algumas implicações didáticas".

O capítulo que segue a este aponta para uma integração da alfabetização com a matemática e as artes.

Por fim, chegamos ao último capítulo que traz sugestões de atividades – fichas e materiais didáticos, de maneira muito mais cômoda de ler do que na primeira edição, inclusive porque as fichas não estão mais em anexo, mas junto com seus textos explicativos.

Certamente, vai ser bem mais agradável, proveitosa e fácil a leitura dessa Didática dos Níveis Pré-silábicos.

Muito carinhosamente, dedico a sua reedição aos que estão valentemente empenhados, com a militância que a tarefa exige, em introduzir as novas bases teóricas do pós-construtivismo ao seu labor pedagógico.

Esther Pillar Grossi
Porto Alegre, 18 de junho de 2008

UMA REDE DE HIPÓTESES EXPLICA O PROCESSO DE ALFABETIZAÇÃO*

PARA ALÉM DE CADA NÍVEL DA PSICOGÊNESE

O êxito de suas aplicações por professoras criativas, com iniciação científica em Didática, desde Rondônia até o Rio Grande do Sul, com resultados cada vez mais animadores, nos encoraja e nos impulsiona a tornar ainda mais conhecidas as Didáticas dos níveis pré-silábicos, silábico e alfabético, aparecidas já há algum tempo, publicadas pelo Geempa (Grupo de Estudos sobre Educação, Metodologia de Pesquisa e Ação).

Os prefácios de Barbara Freitag, Madalena Freire e Sara Pain, em cada uma das Didáticas, avalizam e reforçam nossas convicções, face à competência de cada uma delas.

Da nossa parte, tanto nos trabalhos do Geempa, onde continuamos as pesquisas de alfabetização e aprendizagem, como na Secretaria Municipal de Educação de Porto Alegre desde

---

* Porto Alegre, outubro 1989.

1º de janeiro do corrente ano, temos a oportunidade de avançar na compreensão do que se passa na cabeça de nossos alunos, enquanto aprendem a ler e a escrever. Testemunha isso o que acabamos de apresentar em *Alfabetização: uma questão popular*, publicação que nasceu a partir das inúmeras perguntas dirigidas a Emilia Ferreiro, quando, a 12 de julho deste ano, ela proferiu uma palestra para 14 mil professores reunidos em um ginásio de esportes em Porto Alegre.

Neste texto apresentamos uma noção muito nova que emerge da continuação de nossos estudos. Trata-se da noção de zona proximal no processo de alfabetização, a qual amplia de muito a noção de nível psicogenético na escrita ou na leitura.

Em primeiro lugar, reforçamos o que já acenávamos nas três Didáticas, de que não há simultaneidade entre os processos de aquisição da leitura e da escrita, enquanto eles se dão. Justamente a compreensão de que a leitura e a escrita são duas ações inversas representa uma culminância na caminhada da alfabetização. Por outro lado, mesmo considerando a escrita (ou a leitura em separado), pode-se estar em níveis diferentes se se tratar de unidades lingüísticas diferentes.

Acresce-se a esta realidade o fato de que a associação entre sons e letras é uma problemática paralela à compreensão de como as letras se articulam para produzir a escrita e propiciar a leitura de palavras, frases e textos.

A combinatória das *performances* dos alunos nestes eixos por onde se dá a alfabetização — a escrita, a leitura, a associação entre as letras e sons e unidades lingüísticas — é que caracteriza o que passamos a chamar de zona proximal nesta aprendizagem.

O quadro a seguir expressa graficamente o que acabamos de explicar.

Esquema de ordem parcial que explica a alfabetização

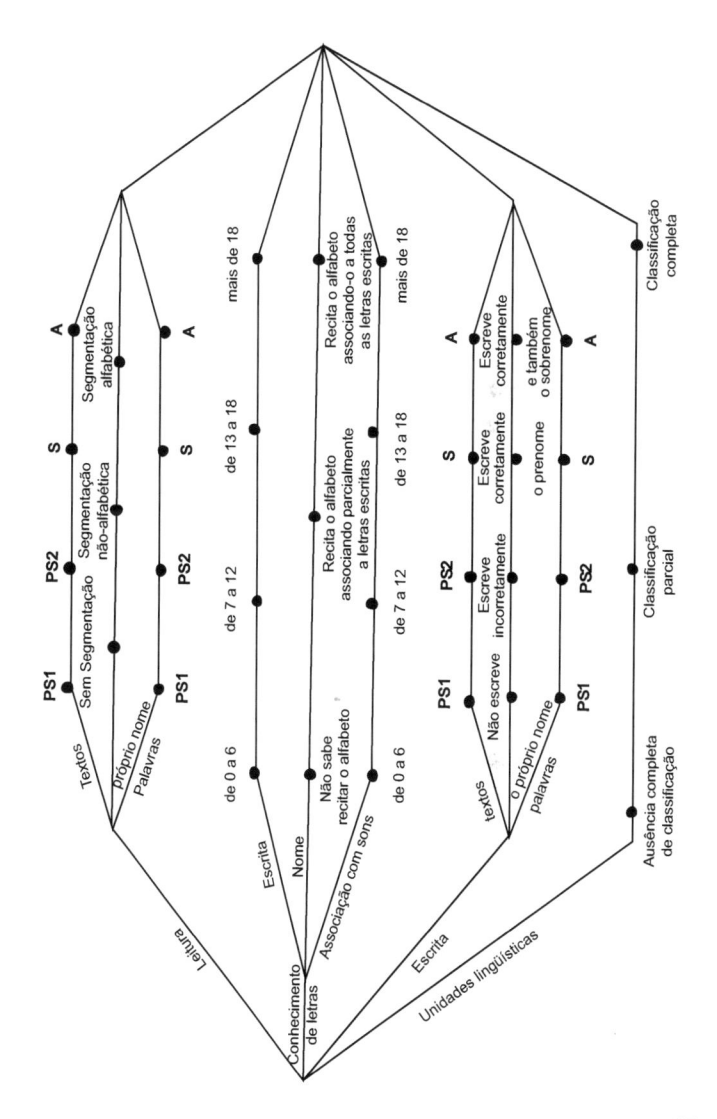

Para exemplificar concretamente como isto se passa, tomemos os casos de M.J. e de I.

A zona proximal na aprendizagem de M.J. no mês de setembro de 1989 podia ser representada pela região espacial do quadro abaixo.

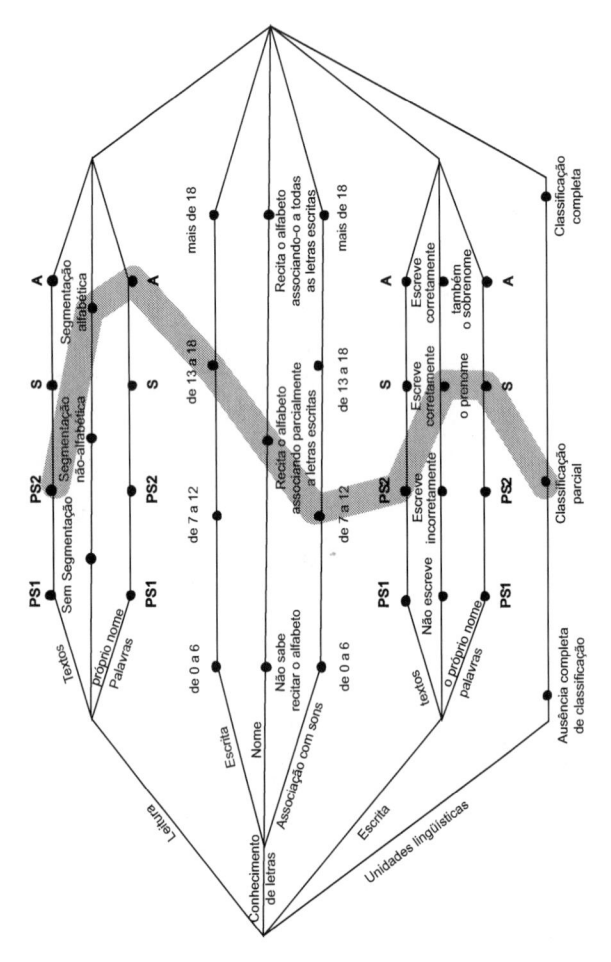

A combinatória dos desempenhos de M.J. é muito rara, porque ele apresentou uma escrita silábica de palavras, enquanto pré-silábica na frase, mas mostrou-se alfabético na leitura do seu próprio nome, bem como de outras palavras e uma frase. No entanto, era pré-silábico para ler textos, e na associação entre letras e sons demonstrou algumas respostas intrigantes, tais como a de identificar U como H de tatu, G como J de gato, J como J de Marcos.

Estudando as respostas de M.J., foi possível estabelecer certas correlações com algumas de suas características pessoais que conduziram a professora a programar intervenções didáticas especiais para ele.

Por outro lado, I. tem um conjunto muito mais homogêneo de respostas que o de M.J.

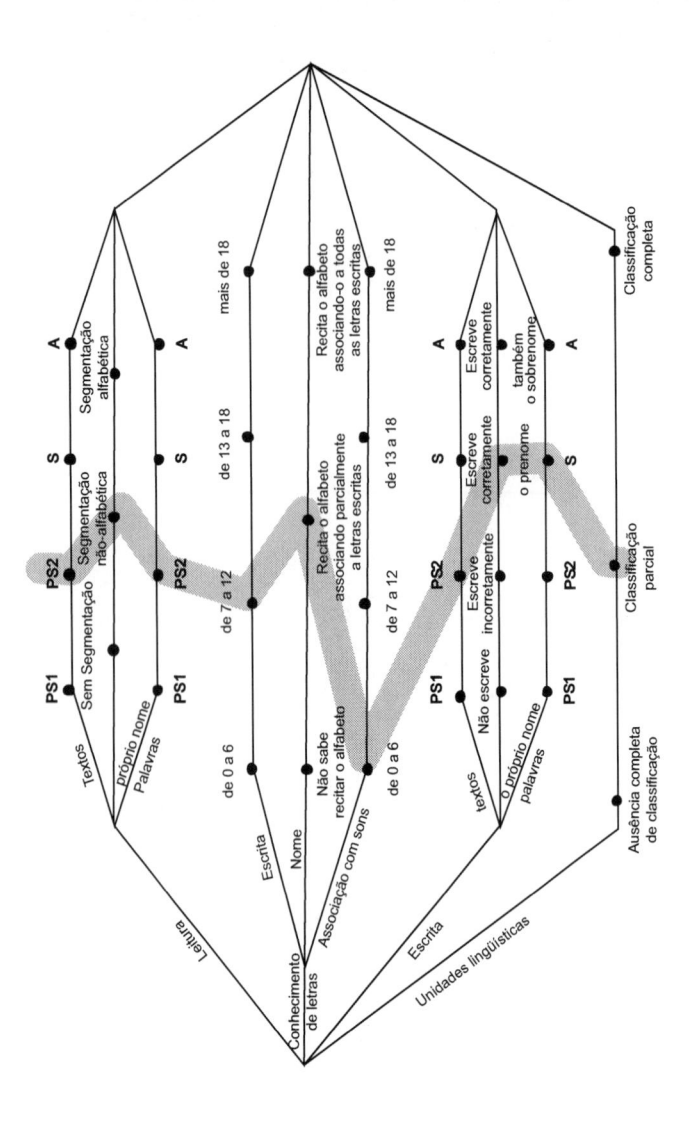

Os elementos para esta caracterização dos dois alunos através de observações em sala de aula, bem como do conjunto das tarefas sobre os eixos em torno dos quais gira a alfabetização, são descritos em *Alfabetização: uma questão popular* e em *Aula-entrevista*.

Segue-se a descrição dos resultados obtidos por I.

A escrita do nome próprio e de quatro palavras e uma frase

7a2m

ISRAEL

GA   BOLA (2)

ORB   BOLITA (3)

BRAE   BICICLETA (4)

O   BEM GRANDÃO (1)

ORABSELF

O MENINO GOSTA DE JOGAR BOLA.

ANTES DE ESCREVER, CONTOU AS SÍLABAS NOS DEDOS.

Leitura do nome

Israel, que escreve seu nome de memória corretamente, associa a segmentos escritos do seu nome segmentos parciais do seu próprio nome falado (Isra, El). Lê silabicamente — IS (Isra).

Faz a exigência da conservação da ordem das letras, para que seja o seu nome, mas não tem a exigência do sentido esquerda-direita para a sua validade escrita.

Produção e leitura de uma história

Muito prontamente, ditou a sua história, como segue:

> ERA UM APARTAMENTO DE DOZE ANDARES.
> AI O ZELADOR ENTROU NO APARTAMENTO
> OUVIU UM BARULHÃO UAAA! UAAA!
> AI EU VOU OLHAR NESSE BURACO.
> QUE BAITA ALTURA! VOU TOMAR UM
> POUQUINHO DE ÁGUA. NÃO PODE SER UM
> SAPO! VAMOS TODO MUNDO TOCAR PEDRA
> NELE? TIROU O PARAFUSO CAIU TODO O
> APARTAMENTO. O SAPO MORREU.
> QUEBROU A PERNA E DISSE: NUNCA
> MAIS ENTRO NESSE APARTAMENTO
> DESSA ALTURA.

Após escrevê-la, foi lida todinha para ele. Aí então lhe foi passado o texto recém-escrito e lido, para que ele fizesse a sua leitura. Ele a fez, vinculando as palavras de sua história, as quais ele sabia de memória, linha por linha no texto escrito.

Por este fato, vê-se que Israel não é pré-silábico 1 na leitura do texto, porque não fez nenhuma referência à necessidade de desenho para poder lê-la.

Outrossim, não é silábico, porque não fez a sua leitura associando cada sílaba oral a uma letra do texto. Neste caso, sempre sobra texto escrito após a leitura. E isto não sucedeu com Israel. Ele terminou sua pseudoleitura no final do texto escrito.

Leitura de palavras isoladas

Após a leitura de sua história, foram-lhe apresentadas as mesmas quatro palavras da tarefa escrita para ver se as "lia".
- Para BOLA, ele leu SAPO
- Para BOLITA, leu APARTAMENTO
- Para BICICLETA, leu... O ZELADOR ENTROU DENTRO DELE
- Para SOL, leu UAU

Ele não faz nenhuma associação entre letras escritas e sílabas orais. Esta "leitura" revela novamente que sua concepção na leitura de palavras é pré-silábica 2.

> Israel é, portanto, silábico na escrita de palavras e de uma frase, e pré-silábico 2, tanto na leitura de palavras como de texto. Entretanto, na leitura de seu nome dá indícios de leitura silábica, e isto faz coerência com o fato de que é necessária para ele a conservação da ordem das letras para que seja o seu nome.

Israel e o conhecimento das letras

Ele conhece os nomes de doze letras, a saber: A, E, B, I, J, L, M, O, S, T, V, X.

Sabe também ao menos uma palavra que comece por cada uma delas.

As letras G, C, D, F, P, Q, R, U e Z não são por ele denominadas, mas conhece alguma palavra que comece por elas, em geral uma só.

As letras H e N, ele não sabe nem o nome nem qualquer palavra que inicie por elas. Perguntado se com elas não se escreve, ele respondeu: "Se escreve, sim! Eu é que não sei qual".

Para a letra I, a do seu nome, ele citou as quatro palavras seguintes: Israel, Igor, Iscócia, Iscoteiro.

Para a letra V, citou Vera, Vanessa e a outra Vanessa também. Quer dizer, não lhe era evidente que dois nomes iguais foneticamente tivessem a mesma primeira letra, uma vez que pertenciam a duas meninas diferentes.

***

Vê-se que a noção de zona proximal, por ser muito mais ampla que a noção de nível psicogenético, é muito mais personalizante dos progressos de cada aluno que uma classificação que tome por base a performance na escrita ou na leitura de uma só das unidades lingüísticas.

Propor-se uma caracterização bem pessoal de cada aluno não implica que o ensino deva ser individualizado para ser eficiente. Muito pelo contrário, aprende-se em interação com os outros, e a riqueza das trocas entre alunos em níveis diferentes, numa turma que tenha por volta de trinta alunos, não só é aceitável, mas desejável. Entretanto, conhecendo-se cada vez mais profundamente como se constrói a aprendizagem da leitura e da escrita, melhor se pode planejar e organizar os trabalhos de aula. É o que vem acontecendo com muitos professores pelo Brasil afora, que estão construindo a cada ano uma confiança bem fundamentada de poder alfabetizar todos os alunos de uma turma, em escolas das periferias urbanas, compostas por crianças oriundas de famílias das classes populares. Muito particularmente, vale citar Vera Manzanares, nossa companheira do Geempa, que ganhou o prêmio "15 de outubro — Alfabetização, um desafio nacional", do Ministério da Educação, por sua ousadia, competência e eficácia na regência de três turmas de alunos muito pobres, cujos resultados quantitativos foram de 75%, 100% e 100% respectivamente, aliados à excelência da qualidade da alfabetização produzida.

Na certeza de que no Brasil não há mais recuo no direcionamento da alfabetização, a partir das descobertas de Emilia Ferreiro, associadas à antropologia pedagógica eminentemente engajada de Paulo Freire e ao esforço de grupos como o Geempa, que fazem a transposição didática destas idéias, nos congratulamos e nos congraçamos com todos aqueles que estão comprometidos com a luta fascinante para alfabetizar no menor espaço de tempo possível o maior número de alunos.

"Uma experiência bem sucedida, cientificamente embasada, politicamente engajada e duradoura"*

Prefácio de Barbara Freitag

O lançamento da trilogia de Esther Pillar Grossi *Didática dos níveis pré-silábicos, Didática do nível silábico* e *Didática do nível alfabético* pela Paz e Terra não poderia ser mais oportuno. Primeiro, porque neste ano de 1989 o Geempa (Grupo de Estudos sobre Educação, Metodologia de Pesquisa e Ação), de Porto Alegre, criado por Esther e sua equipe, completa uma década de pesquisas sistemáticas e de trabalho de alfabetização junto às classes populares. Segundo, porque a coordenadora desse grupo de trabalho acrescentará, neste e nos próximos anos, às suas funções de pesquisadora, psicopedagoga, matemática e escritora a função política de secretária de Educação do município de Porto Alegre. Encerra com a trilogia uma etapa significativa de sua vida profissional, abrindo uma nova, bastante promissora.

O pedido de Esther, de prefaciar o primeiro volume da trilogia — Madalena Freire e Sara Pain se encarregarão dos prefácios para as outras duas Didáticas —, formulado bem antes da vitória eleitoral do PT em Porto Alegre, alcançou-me em um momento igualmente oportuno. Estou mergulhada em uma pesquisa bas-

---

* Copenhague, 20 de janeiro de 1989.

tante abrangente sobre *Psicogênese e pedagogia — a apropriação de Piaget pela prática escolar.* O tema foi inicialmente tratado em um curso de pós-graduação que ministrei na Universidade Livre de Berlim (1988-89), ameaçando transformar-se agora em um grande "tratado" sobre as experiências práticas desenvolvidas na Europa, nos EUA, na Austrália e na América Latina, com base nos princípios do estruturalismo genético.

Nesses esforços de apropriação do pensamento de Piaget e colaboradores na prática escolar, a experiência do Geempa assume uma posição de destaque. Trata-se de uma experiência *bem-sucedida, cientificamente fundamentada, politicamente engajada* e *duradoura.*

Em primeiro lugar, com efeito, o Geempa vem obtendo, graças à seriedade de sua proposta de alfabetização, um rendimento extraordinário: as taxas de reprovação oscilam entre 5 e 2% (comparadas aos 50 ou até mesmo 60% considerados "normais" nas escolas ortodoxas), com o pequeno pormenor de que as crianças egressas das primeiras séries do Geempa *sabem* efetivamente ler e escrever. O Geempa não se contenta com os critérios desenvolvidos pelas Secretarias de Educação para decidir ou não sobre o êxito da alfabetização, pois está essencialmente preocupado com o desenvolvimento de estruturas cognitivas que permitam à criança conhecer o mundo, construindo-o, inventando-o, refazendo-o permanentemente. Em segundo lugar, este esforço pedagógico está amplamente calcado em pesquisas sistemáticas sobre a psicogênese de cada criança, a fim de assegurar a cada uma delas o desdobramento pleno de suas competências intelectuais. Em terceiro lugar, o engajamento político do Geempa se evidencia no fato de que sua proposta pedagógico-didática se volta para as classes populares, ou seja, para a população infantil da periferia urbana de Porto Alegre que convive com a pobreza, o desemprego, o abandono por parte das autoridades políticas. Em quarto lugar, a experiência do Geempa não é nenhum "fogo de palha" como tantas outras. Em vez de buscar fórmulas milagrosas e instantâneas de alfabetização para ostentar estatísticas de um falso êxito, optou pelo trabalho persistente, cotidiano, minucioso, bem fundamentado que agora já dura uma década. Neste sentido, o trabalho do Geempa é *único* no mundo.

Não há exagero nessa afirmação se levarmos em conta que é bem possível encontrar inúmeros projetos que reúnam uma ou até duas dessas características, mas não tenho conhecimento de nenhum outro que reúna as quatro, simultaneamente.

Comecemos com uma revisão de alguns projetos que tenham tido *sucesso* em introduzir os princípios psicogenéticos em sala de aula. Os mais conhecidos certamente são os de Furth e Wachs (1974), Kamii (1979), Kamii e De Vries (1973, 1981), Kamii e De Clarck (1985) nos Estados Unidos, acompanhados de um severo controle científico. Nenhum desses projetos, contudo, teve duração de mais de dois ou três anos e nenhum deles voltava-se especialmente para as crianças das classes populares (os *slums* americanos).

Para a maioria dos cientistas americanos contemporâneos tais projetos tiveram uma validade temporária, na época de sua realização, mas estavam mais a serviço de um modismo que se revelou efêmero (*Piaget: re-discovered*), que de um genuíno interesse político e prático de alterar a fundo a realidade educacional americana. Nada mais revelador que o tom cético de muitos autores reunidos em Modgil e Modgil: *Piaget: Conserzsus and Controversy* (1982). Furth e Wachs (1974), que estavam realmente interessados em dar continuidade à sua "School for Thinking", apontam (depois de dois anos) para as dificuldades criadas pelas autoridades educacionais, pelos professores e até mesmo pais de alunos, mais interessados na rotina de um sistema educacional tradicional, mesmo que ruim, que numa proposta inovadora. O ceticismo em relação à "Piaget in the classroom" não pára aí. Críticos com a perspicácia de uma Buck-Morss (1982) advertem contra o "*bias* etnocêntrico" da teoria construtivista de Piaget, considerando-a especialmente prejudicial se aplicada indiscriminadamente em sociedades dependentes. Mas o tom cético não vem somente dos opositores de Piaget; nas próprias fileiras piagetianas, Coll (1986) adverte contra o uso precipitado da teoria psicogenética em sala de aula.

O êxito do Geempa em alfabetizar crianças das classes populares, baseado em Piaget e nos "pós-piagetianos", refuta esse pessimismo, demonstrando a eficácia da proposta, apesar das condições sócio-econômicas e psicopedagógicas adversas em que vivem as crianças gaúchas alfabetizadas.

Quanto ao segundo critério, o do *embasamento científico*, certamente encontraremos milhares de estudos de orientação piagetiana voltados para a educação e o aprendizado. Já se constituíram verdadeiras bibliotecas repletas com esses estudos na Europa e na América, o que facilmente pode ser comprovado examinando-se o rico acervo dos Archives Jean Piaget em Genebra ou de qualquer biblioteca universitária, de Berlim a Harvard. Mas em todas essas pesquisas, teses, trabalhos e publicações destaca-se o interesse puramente científico ou acadêmico. Estuda-se o aprendizado em seus aspectos puramente cognitivos, não havendo, contudo — na maior parte dos casos — a preocupação de aplicar resultados obtidos a uma prática pedagógica ou de tirar conseqüências práticas das elucubrações teóricas. (Vide os seis compêndios de *Piagetian Research,* editados por Modgil e Modgil, 1976; ou as várias coletâneas de *Piagetian cross-cultural Psychology,* organizadas por Dasen e colegas, 1974, 1977, 1980). Mesmo os trabalhos de Emilia Ferreiro, do Centro de Investigaciones y Estudios Avanzados, na cidade do México, que se dizem "trabalhos científicos" com implicações para a alfabetização, não esclarecem tais implicações.

Coube efetivamente ao Geempa concretizar na prática pedagógica o construtivismo genético de Piaget, em geral, e a teoria da escrita de Ferreiro, em especial. Nisso o grupo talvez pudesse aproveitar outras experiências, como as de Furth e Wachs, Kamii e De Vries e muitos outros, mas o grupo de Esther Grossi foi o primeiro a integrar e transpor para a didática da alfabetização os ensinamentos de Emilia Ferreiro, decorrentes do estudo da concepção da escrita nas crianças em idade de escolarização.

Muitos leitores já estarão impacientes com minha argumentação, questionando-se por que, até agora, eu não fiz referência às experiências especificamente brasileiras, inspiradas em Jean Piaget. Neste contexto merecem destaque especial os trabalhos de Lauro de Oliveira Lima, do Centro Experimental e Educacional Jean Piaget, no Rio de Janeiro. Merece o respeito de todos o batalhador por uma educação piagetiana no Brasil, desde o seu monumental esboço de uma didática escolar para a escola secundária brasileira (1962), calcada nos ensinamentos da Escola de Genebra, e pioneira no mundo. Tanto o Centro Experimental quanto a Escola Chave do Tamanho não resistem, contudo, a uma comparação com o trabalho do Geempa em pelo menos dois aspectos fundamentais: o aprendizado promovido por Lauro e sua equipe não se destina às "classes populares" e não incorpora a teoria da linguagem escrita, elaborada por Emilia Ferreiro. A primeira escola piagetiana no Brasil beneficiou as famílias capazes de pagar pelo ensino inovador da Chave do Tamanho, apesar de não haver nenhuma intenção discriminatória de classes por parte do seu fundador (Oliveira Lima e Oliveira Lima, 1983).

O comprometimento com as classes populares é por sua vez a tônica dos trabalhos de Orly Mantovani de Assis (1977, 1979), realizados em Campinas e em algumas das grandes capitais brasileiras, incluindo a capital federal; mas o esforço desse grupo de trabalho apresenta outras limitações que não resistem a uma comparação com o Geempa. Os trabalhos realizados por Orly, com ênfase em crianças das classes populares da faixa etária do pré-escolar, procuram concretizar seu *engajamento político* através de uma prática que entra em choque com alguns pressupostos básicos da teoria psicogenética. A constatação das defasagens existentes entre crianças das classes populares e das classes médias e altas levou a equipe de Campinas a buscar uma aceleração da psicogênese, por vias da estimulação ambiental, a fim de instrumentalizar as crianças de modo que iniciem, em pé de igualdade (cognitivamente falando), sua alfabetização segundo os métodos tradicionais em uso. Em vez de alterar a didática para que esta se adapte ao nível psicogenético das crianças, Mantovani de Assis optou pela alternativa de condicionar as estruturas cognitivas de modo que estejam "adequadas" aos requisitos oficiais ao iniciar-se a alfabetização. A intenção é louvável, mas os efeitos certamente não são tão eficazes quanto o procedimento do Geempa. Como o grupo de Campinas não institucionalizou a pesquisa piagetiana para acompanhar a sua prática, o projeto de estimulação pré-escolar de Campinas não atende ao nosso segundo critério de comparação, o da fundamentação científica dos trabalhos didático-pedagógicos.

Poderíamos buscar uma comparação do Geempa com pelo menos três equipes de pesquisa, que há algum tempo vêm se dedicando à pesquisa piagetiana em classes populares: o casal Carragher e Carragher e sua equipe em Recife, os trabalhos de Freitag e suas equipes, realizados em São Paulo e Brasília, e as pesquisas realizadas sob orientação de Chiarottino em São Paulo. A todos esses trabalhos são comuns a pesquisa piagetiana e o engajamento político em favor das classes populares. Algumas dessas equipes inclusive *atuam no campo por um período comparavelmente tão longo* quanto a equipe de Esther Grossi, mas nenhuma das três atende ao primeiro critério: o da eficácia pedagógica dos trabalhos realizados.

O Geempa é efetivamente *sui generis* em sua atuação, considerando-se a premissa, aqui introduzida, da simultaneidade em um mesmo projeto das quatro características ou critérios acima mencionados: do êxito pedagógico, da fundamentação científica, do engajamento político pelas classes populares (para falarmos nos termos do Geempa) e da duração da experiência.

Para efetivamente defender esse título de "experiência *sui generis*" no campo da pesquisa e prática piagetianas talvez fosse necessário introduzir ainda um último critério, o da *integração* de todos os fatores envolvidos no processo de aprendizado. Pois há uma infinidade de experiências e tentativas isoladas de transpor para a prática educacional aspectos isolados do construtivismo genético. Basta lembrar apenas dois: o do ensino da matemática (Aebli, 1954) e o da educação moral (Kohlberg, 1982). Outros exemplos poderiam ser multiplicados.

Esther Grossi não se contentou com a aplicação de Piaget e colaboradores ao campo da matemática, área de sua especialização e de seu interesse acadêmico. Foi esse o tema de sua tese de doutorado, defendida em Paris (1985), e para a qual originalmente o Grupo de Trabalho por ela coordenado tinha sido criado como Grupo de Estudos sobre o Ensino da Matemática de Porto Alegre (Geempa) em 1972. Percebendo a necessidade de uma abordagem mais ampla, na base, e com a grande massa das populações marginalizadas, o Geempa foi "refuncionalizado" com o seu nome atual, em 1979, ocupando-se basicamente com os processos de aprendizado das classes populares em fase de alfabetização.

A necessidade dessa abordagem ampla, integrada, da problemática da construção do conhecimento em crianças desprivilegiadas, certamente foi percebida por Esther Grossi no curso de um processo de aprendizado pelo qual ela própria passou, em sua experiência com os pequenos alunos das favelas, ou vilas, de Porto Alegre. Em sua trilogia ela nos apresenta as etapas e dificuldades desse aprendizado.

Aspectos isolados de seu trabalho vinham sucessivamente sendo publicados em revistas educacionais de renome como os *Cadernos de Pesquisa*, de São Paulo, a *Revista Brasileira de Estudos Pedagógicos*, *LEIA* e outras mais. Vários livros de sua autoria ou de suas colegas do Geempa vêm sendo lançados pela Editora Kuarup. Inúmeros grupos de trabalho dentro e fora do Rio Grande do Sul vêm discutindo a experiência didático-pedagógica de Esther Grossi e sua equipe, na expectativa de incorporá-la em projetos de alfabetização regionalizados. Foi assim, por sinal, que conheci Esther Grossi no INEP/MEC em Brasília. Em debates e publicações fora do Brasil, Esther vem aumentando o círculo de seus admiradores. Com a publicação, pela Paz e Terra, das peças-chave de seu trabalho de mais de dez anos, sua experiência pedagógica, o esforço de teorização e o produto de seu envolvimento político se tornam agora acessíveis a um público bem mais amplo, incluindo pesquisadores, educadores e políticos. Temos todos a ganhar com a experiência do Geempa e as reflexões teóricas e práticas de Esther Grossi sobre essa experiência.

Se até agora falei do Geempa, em geral, procurando inserir essa experiência em um contexto mais amplo, foi intencionalmente; uma intenção declarada por mim e aprovada por Esther. Achei que o prefácio à trilogia apresentada não poderia restringir-se a um comentário sobre a didática dos níveis présilábicos. Exigiria a reflexão do trabalho como um todo. Justamente por isso, os textos ora apresentados por Esther são inseparáveis dos trabalhos do Geempa, da equipe que o concretizou, das professoras que alfabetizaram, dos alunos que forneceram o material. Não quero minimizar os esforços do grupo, mas enquanto coordenadora da equipe, Esther representa a "alma" do Geempa. O grupo poderá agora provar a sua autonomia relativa em face de sua idealizadora, durante o período em que ela estiver às voltas com a Secretaria de Educação. Certamente ela procurará generalizar os efeitos positivos de sua experiência de alfabetização, mas também é certo que os trabalhos no Geempa, os membros da equipe, os alunos sentirão falta da presença diária de sua *alma mater*.

É a prova de fogo do projeto, a prova de fogo de Esther, a prova de fogo de uma proposta socializante mais ambiciosa: uma administração municipal do PT bem-sucedida.

Contudo, ao deixar a "trilogia" como um "fio de Ariadne", capaz de conduzir o professor autônomo para fora do labirinto do caos educacional brasileiro, Esther fornece um equipamento sólido para a aventura da alfabetização. A trilogia procura dar conta de três estágios decisivos da criança durante a aquisição da linguagem escrita, a saber: o *estágio pré-silábico*, em que a criança ainda não estabelece uma relação necessária entre a linguagem falada e as diferentes formas de sua representação, acreditando que "se escreve com desenhos" (tese da escrita figurativa); o *estágio silábico*, em que as incoerências com as hipóteses do estágio anterior são percebidas, surgindo uma nova teoria — a de que para cada sílaba é necessário ter pelo menos uma letra (em geral, uma vogal); e, finalmente, o *estágio alfabético*, em que a hipótese anterior é novamente reformulada, surgindo agora a hipótese coerente de uma correspondência relativa entre fonema e letra. A psicogênese infantil parece refazer, em cada criança, a sociogênese da escrita vivida pela humanidade em vários períodos históricos. As primeiras formas de representação do mundo foram figurativas. E algumas formas de escrita permaneceram fixadas na forma pictográfica, como por exemplo a escrita chinesa, com os seus quatro mil anos de idade. Em outra fase do desenvolvimento da humanidade, surge a escrita silábica, da qual talvez a escrita miceniana (o chamado linear B) seja o exemplo mais puro. E, finalmente, a escrita alfabética, da qual o alfabeto fenício, posteriormente adaptado pelos gregos e romanos, é o mais conhecido entre nós, e um dos melhores exemplos. Há culturas, como a escandinava, que desenvolveram sucessivamente diferentes tipos de escritas alfabéticas, desde a rúnica antiga (a partir do século III d.C.) até a rúnica posterior (a partir do século IX) e a latina (a partir do século XIV). Outras, como os hieroglifos egípcios, reúnem as três formas de representação da linguagem nos documentos e nas gravações que chegaram até nós, a pictográfica, a silábica e a alfabética. Evolução semelhante pode ser verificada no campo da representação e do cálculo numérico (cf. Damerow e Lefevre, 1984).

Esther e sua equipe observaram inclusive que a separação por estágios ou níveis claramente definidos é mais um instrumento teórico que uma realidade empírica. Nas crianças examinadas verificou-se, confirmando os achados de Emilia Ferreiro, que existem vários estágios intermediários e ainda a simultaneidade de dois ou três "estágios", por vezes no pólo da leitura, por vezes no da escrita.

Não vou entrar em outros pormenores sobre a didática dos níveis pré-silábicos, sugerindo ao leitor mergulhar no próprio texto da autora. Sugiro ainda que o leitor não pare por aí e acompanhe Esther até as últimas páginas do terceiro compêndio.

Porque, afinal, toda trilogia é também um tríptico. Cada elemento é parte integrante e indispensável da obra, perdendo sua "aura", quando arrancado do todo.

Referências Bibliográficas

Aebli, Hans (1951), *Didactique Psychologique. Application à la Didactique de la Psychologie de Jean Piaget,* Neuchâtel.

Berry, J. W. e Dasen, Pierre (orgs.) (1974), *Culture and Cognition. Readings in Cross-cultural Psychology,* Londres, Methuen.

Carragher, Terezinha e Carragher, David (1983), *Na Vida Dez, na Escola Zero,* São Paulo, Cortez, 1988.

Carragher, Terezinha; Schliemann, Ana Lúcia e Carragher, David (1986), "Proporcionalidade na educação científica e matemática: Uma análise das tarefas piagetianas", em *Revista Brasileira de Estudos Pedagógicos,* vol. 67, nos 156 e 157, 1986, Brasília, MEC/INEP.

Chiarottino, Zélia R. (1972), *Piaget: Modelo e Estrutura,* Rio de Janeiro, José Olympio.

Chiarottino, Zélia R. (1982), *Em Busca do Sentido da Obra de Jean Piaget. Pequena Contribuição para a História das Idéias e para a Ação do Psicólogo num País de Contrastes,* tese de livre-docência, São Paulo.

Coll, César (1987), "A contribuição da psicologia para a educação: teoria genética e aprendizagem escolar", em Banks Leite, Luci e Medeiros, Ana Augusta (orgs.), *Piaget e a Escola de Genebra,* São Paulo, Cortez.

Damerow, Peter e Lefèvre, Wolfgang (1981), *Rechenstein, Experiment, Sprache,* Stuttgart, Klett-Cotta.

Dasen, Pierre (org.) (1977), *Piagetian Psychology. Cross-cultural Contributions,* Nova York, Gardner.

Ferreiro, Emilia (1985), *Reflexões sobre Alfabetização,* São Paulo. Cortez.

Ferreiro, Emilia (1986), *Alfabetização em Processo,* São Paulo, Cortez.

Ferreiro, Emilia; Gomes Palacio, Marguerita e col. (1982), *Análisis de las Perturbaciones en el Proceso de Aprendizage de la Lecto-escritura,* México, SEP-OEA, 1982.

Ferreiro, Emilia e Teberosky, Ana (1979), *Los Sistemas de Escritura,* México, Siglo Veintiuno, 1980.

Freitag, Barbara (1984), *Sociedade e Consciência. Um Estudo Piagetiano na Favela e na Escola,* São Paulo, Cortez, 1985.

Freitag, Barbara (1984), "Cognitive and linguistic structures: Bernstein and Piaget in Interaction", Em: *Archives de Psychologie,* 52 (1984): 153-170.

Freitag, Barbara (1985), "Piagetianos em desacordo? Contribuição para um debate", Em: *Cadernos de Pesquisa,* 53.

Freitag, Barbara (1986), *Alfabetização e Linguagem,* Washington, OEA/MEC-FAE.

Furth, Hans e Wachs, Harry (1974), *Thinking goes to School. Piaget's Theory in Practice,* Nova York, Oxford University Press.

Geempa (1986), *Alfabetização em Classes Populares,* Série Alfabetização, Porto Alegre, Kuarup.

Grossi, Esther Pillar (1985), *Psychogenèse et Apprentissage du Concept de Multiple,* tese de doutorado, École des Hautes Études en Sciences Sociales, Paris.

Grossi, Esther Pillar (1985), "Alfabetização e classes populares", Em: *Cadernos de Pesquisa,* 55.

Grossi, Gabriel (1989), Geempa discute proposta didática. Em: *Leia,* janeiro de 1989, nº 44.

Kamii, Constance (1982), *A Criança e o Número.* Implicações da teoria de Piaget para a atuação junto a escolares de 4 a 6 anos, Campinas, Papirus, 1984.

Kamii, Constance e De Clark, Georgia (1985), *Reinventando a Aritmética.* Implicações da teoria de Piaget, Campinas, Papirus, 1986.

Kamii, Constance e De Vries, Rheta (1981), *Group games in early education.* Implications of Piaget's theory. Washington. The National Association for the Education of Young Children.

Kohlberg, Lawrence (1975), "The cognitive-developmental approach to moral education", Em: *Phi Delta Kappan,* 56 (1975): 670-7:

Mantovani de Assis, Orly Z. (1977), "Estudo sobre a relação entre a solicitação do meio e a formação da estrutura lógica no comportamento da criança", Relatório de pesquisa, Brasília/Campinas, INEP/UNICAMP.

Mantovani de Assis, Orly Z. (1979), *Uma Nova Metodologia de Educação Pré-escolar*, São Paulo, Pioneira.

Marzola, Norma R. (1985), *Escola e Classes Populares*, tese de mestrado publicada em "Série Alfabetização", Porto Alegre, Kuarup, 1988.

Modgil, Sohan e Modgil, Celia (orgs.) (1976), *Piagetian Research*, 6 vols., Rochester/Kent, NFER Publishing Co.

Modgil, Sohan e Modgil, Celia (orgs) (1981), *Jean Piaget. Consensus*, Nova York, Praeger.

Oliveira Lima, Lauro de (1962), *A Escola Secundária Moderna. Organização, Métodos e Processos — 1.º e 2.º graus. Piaget Aplicado ao Ensino Brasileiro*, Rio de Janeiro, Forense-Universitária, 1976.

Oliveira Lima, Lauro de e Oliveira Lima, Ana Elisabeth S. (1983), *Uma Escola Piagetiana*, Rio de Janeiro, Paidéia.

Pillar, Analice Dutra (1986), *Fazendo Artes na Alfabetização. Artes Plásticas e Alfabetização*, "Série Alfabetização"; Porto Alegre, Kuarup.

POR QUE NÍVEIS PRÉ-SILÁBICOS, NO PLURAL?

PORQUE PRÉ-SILÁBICO 1 É UM NÍVEL PSICOGENÉTICO

Desde 1985, quando apareceu pela primeira vez esta *Didática dos níveis pré-silábicos,* novos conhecimentos sobre a psicogênese da alfabetização foram construídos. Cumpre enriquecer esta nova edição com alguns destes conhecimentos diretamente vinculados ao que considerávamos como o nível pré-silábico.

O primeiro deles diz respeito à compreensão de que há dois níveis pré-silábicos, denominados PS_1, (pré-silábico 1) e PS_2 (pré-silábico 2). Isto porque o início do processo de alfabetização tem dois patamares bem nítidos — um, no qual os sujeitos julgam que se escreve com desenhos, isto é, a grafia deve conter os traços figurativos daquilo que se escreve — e outro, no qual se usam sinais gráficos, abandonando-se no traçado aspectos figurativos do que se quer escrever. Porém, estes aspectos figurativos permanecem indiretamente presentes no nível PS_2, na medida em que o sujeito, ao escrever com letras, números ou assemelhados, condiciona a quantidade deles, o seu tamanho, a sua posição... a características figurais do ente cuja palavra que lhe está associada é escrita. Por exemplo, como me disse Rita (8a 1m), que "casa" tem seis letras e "casinha", três, porque é pequena.

O segundo aspecto relevante a apresentar é a presença de conflitos de passagem no processo de alfabetização entre cada dois níveis principais, em particular entre os dois présilábicos.

Os conflitos de passagem são inerentes à existência de níveis. Eles representam a maneira de passar de um deles a outro de maior complexidade. Isto é, eles são o momento da ruptura das relações entre os diversos elementos que sustentaram o pensamento até então. As passagens de níveis provocam um conflito, gerado no fato de a pessoa se dar conta da impossibilidade de resolver os problemas que lhe estão interessando. É a tomada de consciência de incoerências entre suas hipóteses e os dados da realidade.

"Aprende-se formulando problemas", a partir de cálculos relacionais organizados com os recursos disponíveis na inteligência, isto é, o conjunto de invariantes operatórias já construídas e os sistemas de representação do sujeito. Mas, sobretudo, aprende-se formulando o problema da insuficiência das estruturas que sustentaram o pensamento até um determinado momento. Não são as estruturas que determinam a aprendizagem, mas sim a aprendizagem é substancialmente a organização de estruturas. Outrossim, estas estruturas não são abstratas e gerais, desvinculadas de conteúdos científicos específicos. Ao contrário, as estruturas se constroem no bojo de situações concretas, sempre ligadas a aspectos da realidade que se situam num certo campo conceitual. Assim, didaticamente, o que é fecundo não é a pura e simples determinação do nível onde se situa cada aluno, mas o conhecimento das condições que propiciam a organização das relações que caracterizam cada nível.

Um terceiro aspecto que vimos esclarecendo cada vez melhor é o da independência ou desvinculação das trajetórias para ler e para escrever, como dois galhos de uma árvore, os quais se alimentam da mesma seiva, mas crescem em duas direções, guardando certa autonomia.

A trajetória da alfabetização é constituída dos seguintes passos:

PS1	PS2	S	A
pré-silábico 1	pré-silábico 2	silábico	alfabético

Mostramos, a seguir, seis exemplos de desempenhos na aplicação da tarefa das quatro palavras e de uma frase, tipicamente pré-silábicos. Vemos o Claudiomiro (7 anos), que "escreveu" gato, cavalo, borboleta, cão e o gato bebe leite, somente com desenhos, o que caracteriza o nível pré-silábico 1, como dito acima. No mesmo nível, apresenta-se o desempenho de Jaime (6a 8m).

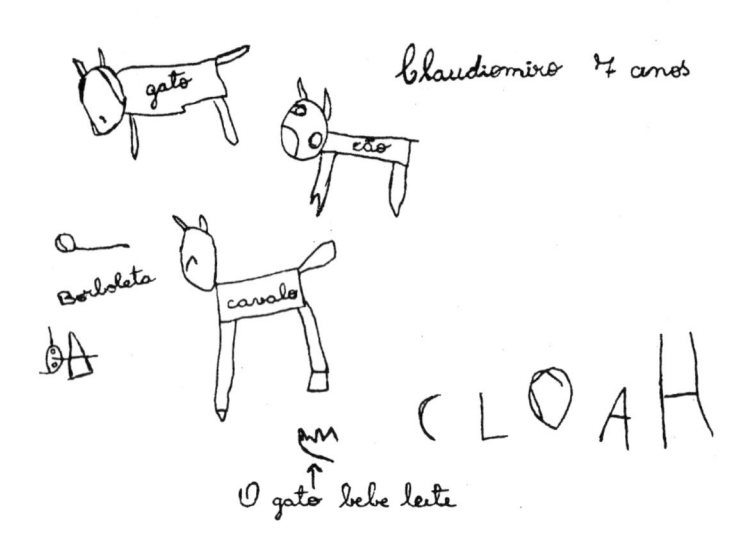

Nos desempenhos de Anderson e José Carlos, vê-se a mescla entre o uso de desenhos e de sinais gráficos, para se expressar por escrito, enquanto que Luís Paulo e Luís Gustavo usam somente sinais gráficos, aparentados com letras. Há ainda o caso de Norberto, que escreveu somente com letras bem definidas. As escritas destes cinco alunos são exemplos de produções no nível pré-silábico 2. Anderson e José Carlos já são présilábicos 2, apenas com um resquício ao pré-silábico 1, como uma modalidade de se reequilibrar, ou seja, de despedir-se do caminho andado.

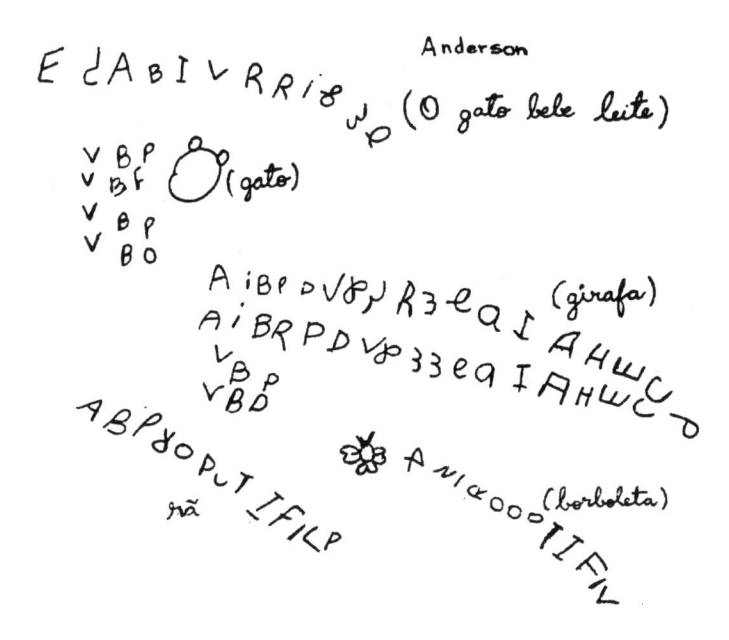

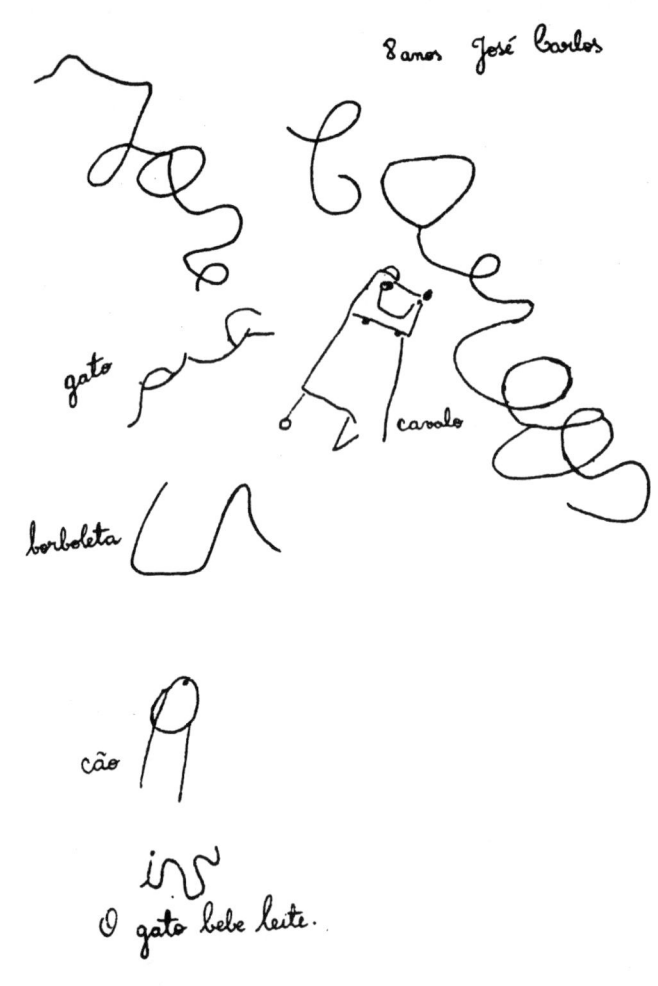

8 anos José Carlos

gato

cavalo

borboleta

cão

O gato bebe leite.

LUIZ PAULO – 8 anos

El a ivrteittuelit
(O gato bebe leite)

DAR (gato)   D b L   (girafa)

O (borboleta   SO (rã)

(Luis Gustavo)

(Sopa)

(formiga)

(Elefante)

NORBERTO

OSЯ
café

C

ИOIJ႓3IƧ
panela
S

VOTOOPƧ႓I3O
pão
AOИIƧOOįJ႓2O
margarina
AᎡAIOAИᎡA
O café está na cozinha

Entre os níveis pré-silábico 1 e pré-silábico 2 acontece um conflito de passagem. Os comportamentos dos alunos nos conflitos de passagem costumam ser de recusa total ou parcial de produzir algo escrito, dizendo que não sabem escrever, afirmando neste caso que com desenho não se escreve.

Quando um sujeito faz sinais gráficos com desenhos junto a eles, já superou o conflito. Ele saiu do impasse, sabe que desenho não é escrita, por isso acrescenta (a desenhos) letras ou quaisquer outros traçados sem conotação figurativa do que está sendo escrito em desenho.

Muitas vezes, nesse momento, junto à frase que segue a escrita de quatro palavras, não há mais desenho, o que comprova a possibilidade de só escrever com sinais gráficos, não figurativos. Isto configura o ingresso no nível pré-silábico 2.

Psicogênese da alfabetização
— uma trajetória singular

Quando alguém se alfabetiza, percorre uma longa trajetória à qual é dado o nome de psicogênese da alfabetização. Esta psicogênese se caracteriza por uma seqüência de níveis de concepção sobre a leitura e a escrita.

Dizemos que um nível é constituído por um conjunto de condutas, determinado pela forma como o sujeito vivencia os problemas num momento do processo de aprendizagem. No conjunto de condutas, há uma "organização típica das noções, das propriedades, das relações e das operações, dos significantes e dos algoritmos postos explícita ou implicitamente em ação" (Esther Pillar Grossi, *Psychogenèse et Apprentissage du Concept de Multiple*, p. 16)*.

As noções se distinguem dos conceitos porque estes são representações mentais generalizadas e abstratas de um objeto de conhecimento. Os conceitos em geral são imbricados uns nos ou-

---

* A idéia de nível de concepção na psicogênese encerra necessariamente a noção de estrutura. Sem dar uma definição de estrutura, o que seria difícil, dada a sua complexidade que exige uma aprendizagem elaborada e longa, assinalemos apenas que, num nível de concepção da psicogênese de um campo conceitual, muitos elementos estão imbricados. Trata-se de uma forma específica de como esses elementos se organizam na cabeça do sujeito em cada etapa do processo. Esses elementos comportam noções, o que chamaríamos de conhecimentos elementares, que se assemelham a conceitos de natureza simples que nascem de campos conceituais e os constituem. As noções não são necessariamente idéias elaboradas e abstratas, mas elas são conhecimentos elementares intuitivos, sintéticos e não inteiramente precisos.

tros, constituindo os campos conceituais que, por outro lado, são associados, via de regra, a aspectos estruturais do conhecimento.

Entre as noções se estabelecem relações binárias ou ternárias que gozam ou não de certas propriedades. A determinação precisa de algumas propriedades é o que caracteriza uma estrutura. Entre as propriedades de uma relação binária citemos a transitividade, em que se decide, por exemplo, a igualdade entre A e C, se A = B e B = C. Entre as propriedades de uma relação ternária citemos a comutatividade, em que, se é verdade que "a" e "b" (nesta ordem) se ligam a "c", também é verdade para "b" e "a", como na multiplicação 3 x 6 = 18, em que 6 x 3 é também igual a 18.

Significantes são os elementos, em especial as palavras, que servem para representar um significado, o qual pode ser, por sua vez, uma noção, um conceito, uma relação ou mesmo um algoritmo. Algoritmo é um encadeamento de ações necessárias à execução de uma tarefa. Dizemos que utilizamos um algoritmo quando, diante de um problema a resolver ou de uma tarefa a realizar, dispomos de uma seqüência de passos que certamente nos conduzem à sua solução ou à sua realização. Num nível de concepção, todos esses elementos estão presentes e se organizam de um modo particular.

Face às características do que é uma estrutura em sentido lógico, que tem estreita correlação com o conceito de nível psicogenético, fez-se necessário, historicamente, uma reformulação dos quatro níveis que Emília Ferreiro definiu para o processo de alfabetização. Para ela, havia quatro níveis psicogenéticos na caminhada para a leitura e para a escrita, a saber, o pré-silábico, o silábico, o silábico-alfabético e o alfabético (*Análisis de las perturbaciones en el Proceso de Aprendizaje de la Lecto-escrita*, Rasc. 2, SEP-OEA, México, 1982).

Entretanto, já em 1986, no XI Congresso Internacional de Leitura, em Londres, na Inglaterra, foi demonstrado que, em verdade, há dois níveis pré-silábicos e não há o nível silábico-alfabético. Com efeito, há um fechamento sistêmico nas idéias que explicam o pensamento pré-silábico 1, o que lhe confere o estatuto de um nível psicogenético.

Por outro lado, o pensamento silábico-alfabético não encerra atributos de uma estrutura e, portanto, não é um nível psicogenético.

Conflitos de passagem, não níveis intermediários

Os conflitos de passagem não são níveis psicogenéticos intermediários porque eles representam ausência de estrutura organizativa de elementos relativamente ao objeto de conhecimento em pauta. Os conflitos de passagem são momentos precisos do processo que se caracterizam pela evidência de contradições nas condutas do sujeito que aprende, as quais perdem a estabilidade do nível anterior e ainda não se organizam de acordo com o nível seguinte. São os momentos privilegiados, mas difíceis, de desequilíbrio e conflito, que só são superados por uma nova organização dos elementos em jogo, numa estrutura qualitativamente superior à anterior. Didaticamente, os conflitos de passagem constituem momentos-chave do processo de aprendizagem. É quando o aluno percebe que seus esquemas são incapazes de fazer frente ao conjunto de problemas que ele é capaz de se formular nesse momento. Via de regra, os alunos têm tendência a abandonar a arena do seu conflito por um certo tempo, porque lhes é penoso dar-se conta dessas lacunas cognitivas. Seria importante que os professores percebessem essa problemática, para dar ao aluno o incentivo adequado. Sobretudo, é importante compreender que os alunos não se engajam com a mesma intensidade nas tarefas escolares, quando vivenciam um conflito de passagem. Acrescentem-se à dificuldade de engajar-se nos momentos de conflitos as regressões muitas vezes acentuadas que os acompanham, as quais podem confundir o professor, julgando o aluno muito aquém de suas possibilidades. Se o professor expressar essas suas impressões, o aluno pode se desencorajar sem razão e ter maiores dificuldades para superar este nível.

Os conflitos de passagem são momentos fecundos caracterizados pelo sentimento de falta de idéias. São tomadas de consciência da ignorância que era o nível anterior. Ignorância no sentido de Sara Pain, isto é, presença de inteligência, porém incompleta ou equivocada.

Nível pré-silábico 1

O esquema de pensamento que caracteriza o nível pré-silábico 1 tem como hipótese explicativa da escrita de que escrever é desenhar e que ler é interpretar imagens ou figuras. Para um aluno neste nível pré-silábico 1, a escrita tem que apresentar os traços figurativos do que se quer aprender. Para ele, escreve-se árvore fazendo um desenho que tenha aspecto de árvore.

Por outro lado, só se lê em figuras, fotos e imagens. Impossível ler em pura letra.

Para um aluno pré-silábico 1, as letras são objetos que não têm a ver necessariamente com a produção de escritas. Portanto, para ele, os métodos convencionais que começam com palavras escritas ou mesmo com letras isoladas não lhe fazem nenhum sentido. Eles são incapazes de compreender o que está sendo proposto.

No programa de alfabetização de mil mulheres adultas em Porto Alegre, em 1997, duzentas delas iniciaram as aulas escrevendo com desenhos, isto é, no nível pré-silábico 1.

Nível pré-silábico 2

Em grandes linhas, no nível pré-silábico 2 os sujeitos que aprendem têm uma visão sincrética dos elementos da alfabetização. Letras podem estar associadas a palavras inteiras, portanto representam um ente global, por exemplo, quando eles se referem à "minha letra", isto é, à letra do seu nome. Por outro lado, uma página inteira de letras pode corresponder a uma só palavra. Não há discriminação das unidades lingüísticas e, sobretudo, há completa ausência de vinculação entre a pronúncia das partes de uma palavra ou de uma frase e sua escrita. Os problemas que o sujeito se coloca neste nível, a respeito da alfabetização, se referem a amplos interrogantes sobre como se representam graficamente aspectos da realidade elaborados pelo pensamento verbal. Ele começa a se questionar sobre o significado dos sinais escritos — estes risquinhos sobre o papel, isto é, o que representa a escrita. Ainda lhe é obscuro como se estabelece a correspondência entre escrita e pensamento. Suas dúvidas podem se situar em nível semântico, ou em nível dos aspectos gráficos da forma e da função das letras ou números.

Podemos dizer que algumas das idéias veiculadas, no nível pré-silábico 2, são as seguintes:

"Está escrito o que eu desejei escrever";

"Escrita sem imagem não dá para ler, é pura letra";

"Só se escrevem substantivos. Verbos e outras palavras não têm consistência para que se as escreva";

"Letras ou sílabas não se repetem numa mesma palavra. Isto não fica bem";

"Só se lêem palavras com três letras ou mais";

"Letra e número são a mesma coisa, ou são sinais parecidos";

"A escrita das palavras não é estável. Numa frase ou num texto o código pode mudar";

"Basta ter a inicial para caracterizar uma palavra";

"A ordem das letras na palavra não é importante. Basta que estejam todas elas".

Conflito de passagem do pré-silábico 2 ao silábico

A consciência, mesmo difusa, da ligação entre pronúncia e escrita é o fator deslanchador do conflito. Como conciliar este dado novo — que a escrita se vincula com a pronúncia das partes da palavra — com as concepções elaboradas no nível pré-silábico 2? Este novo dado é muito mais restritivo relativamente àquelas idéias. Esta problemática produz condutas típicas, como, por exemplo, as palavras começam a ter certa estabilidade. Ao aplicar a tarefa das quatro palavras e de uma frase (a tarefa da escrita de quatro palavras e uma frase foi elaborada por Emilia Ferreiro e é descrita no fascículo I de *Análisis de las perturbaciones en el proceso de aprendizaje de la lecto-escrita,* editado pela Dirección General de Educación Especial, SEP-OEA, México, 1982).

Os alunos em conflito julgam que a palavra dissílaba que já foi escrita e que entra na frase deve se conservar como antes. Enquanto estiverem inteiramente pré-silábicos 2, a palavra não tem necessidade de possuir estabilidade, ela pode variar ao sabor das circunstâncias.

Isso diz respeito somente a palavras não memorizadas globalmente, como o próprio nome da criança, ou a outras palavras que ela teve oportunidade e interesse em gravar como um conjunto de letras e não apoiada numa teoria sobre a sua junção, mesmo estando no nível pré-silábico 2. Essas palavras, neste nível, têm uma estabilidade exterior e independente da estruturação do sistema da escrita na cabeça da criança. Dizemos que essa estabilidade é exterior porque ela repousa na autoridade de alguém que assegura à criança que a palavra deve ser escrita com tais letras e em tal ordenação, sem que ela compreenda o porquê.

Na passagem do nível pré-silábico 2 para o nível silábico, a escrita começa a se desvincular da imagem e os números podem se distinguir das letras, isto é, as concepções do nível pré-silábico 2 vão sendo questionadas à luz da idéia da vinculação pronúncia com escrita. Com efeito, a possível vinculação — pronúncia x escrita — introduz para o sujeito que está caminhando para a leitura e para a escrita uma complicação difícil de ser resolvida.

Isso é o cerne do drama dessa passagem. Como resolvê-lo?

Nível silábico

A hipótese de que a cada sílaba corresponde uma letra é uma forma que se apresenta muito plausível à criança para resolver esse impasse. É isso que define o nível silábico. Para nele se instalar perfeitamente, o sujeito necessita vencer muitas barreiras, como se depreende das idéias que ele tinha no nível pré-silábico 2 e que foram questionadas no conflito de passagem. Uma das principais barreiras é a do número mínimo de letras para que elas possam constituir uma palavra. Pela hipótese silábica, devem existir palavras com duas e até com uma letra (as dissílabas e as monossílabas). Isto é conflitante, mas a força da vinculação — pronúncia x escrita — pode fazer vencer essas barreiras.

A ordem de complexidade crescente das noções adquiridas pela criança na psicogênese da alfabetização não é, aliás, uma ordem total ou linear, no sentido em que a criança deveria necessariamente adquirir a noção A, depois a noção B, depois a noção C etc.

$$A \rightarrow B \rightarrow C \rightarrow D \rightarrow E \rightarrow F \ldots$$

A ordem de complexidade na psicogênese é uma ordem parcial ou com diversos ramos, porque noções A e B, por exemplo, podem muito bem ser adquiridas indiferentemente numa ordem ou noutra, ou simultaneamente, sendo prévias à aquisição de uma outra noção C.

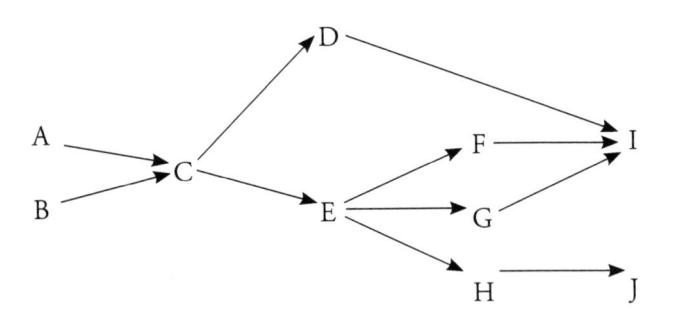

Uma ordem desta natureza é chamada de ordem parcial, porque há uma ordem entre certas noções, mas não entre todas, como no esquema acima. (Gérard Vergnaud, *L'enfant, la mathématique et la réalité*, Berna, Peter Lang, 1981).

A caracterização de cada nível não é estanque e perfeitamente definida, porque há noções que se formam simultaneamente sem filiação entre elas e há problemas que perpassam vários níveis. Por esses fatos, a seqüência dos níveis de concepção não se apresenta como uma ordem total, tendo, isso sim, a riqueza de uma ordem parcial. Neste caso, a ordem parcial tem maior complexidade do que se tratássemos de uma ordem linear ou total. Disso decorre que ensinar não é acrescentar tranqüilamente mais um tijolo numa parede, pois estamos frente a uma dinâmica muito mais complexa, que não é nem vista nem previsível inteiramente de fora para dentro.

Uma criança, no nível pré-silábico 2, já pode conhecer muitos ou todos os sons de letras, porque ela os associa à inicial das palavras e por esse intermédio pode se assenhorear dessa correspondência. Por outro lado, um aluno pode estar no nível silábico sem atentar para o som convencional das letras. Ele pode pronunciar uma palavra e associar a cada sílaba qualquer letra. Pode começar a juntar letras para formar palavras sem preocupação com seus sons específicos.

Vê-se daí que o conhecimento da correspondência letra a som perpassa mais de um nível. Ele não é típico de um nível ou de outro, estando presente em vários. Este é um exemplo que explica a ausência de ordem total numa aprendizagem. Trata-se de um aspecto que é paralelo ao da junção de letras no nosso sistema de escrita, os quais didaticamente se apresentam como problemas concomitantes.

No nível silábico, começa a se esboçar a necessidade de uma certa ordem das letras na palavra. Essa ordem, entretanto, não tem o rigor do nível alfabético, pois acontece por vezes que os alunos, utilizando só uma letra para cada sílaba, defrontam-se com tão poucas letras (1,2,3) e apõem outras àquelas. Essa aposição pode ser simplesmente aleatória, para que a palavra tenha mais letras, mesmo que essa exigência se choque com a hipótese silábica. É interessante citar um fato referido por Telma Weisz, de que tendo uma criança escrito silabicamente a palavra "cavalo" o fez com "CAL" mas acrescentou outras letras: CALELEI. Ao lê-la, passou o dedo por baixo somente das três primeiras e finalizou a leitura. Perguntada: "Então, por que estas outras letras?", a criança respondeu mais ou menos assim: "Gente grande é que pode responder a isto! Eles sempre botam mais letras do que precisa para confundir as crianças".

Ocorre também com freqüência os alunos escreverem "sp" para a palavra "sopa" e, ao se darem conta de que há tão poucas letras, repronunciarem a palavra e acrescentarem as vogais "oa", tendo ao final "spoa".

No nível silábico costuma também ocorrer que, quando lhe é proposto escrever uma frase, o aluno utiliza uma letra para cada palavra, em vez de uma letra para cada sílaba, como o faz já para palavras isoladas. Esse fato mostra como as categorias lingüísticas ainda não estão claramente definidas, exatamente porque elas não têm estabilidade. Por outro lado, o aluno do nível silábico é um sujeito que resolveu temporariamente o problema da escrita, mas que vai se defrontar mais cedo ou mais tarde com o problema da leitura. Cita-se o menino Gustavo (de 5 anos), cujo processo de alfabetização era seguido por uma das alunas da 2ª turma do Curso sobre Alfabetização em Classe Popular, que o Geempa realizava em nível de pós-graduação. Gustavo escrevia muitas palavras "silabicamente". Ela aprovava sua escrita, sabendo-o no nível silábico. Mas ele voltava a ela, intrigado: "A minha mãe não consegue ler o que eu escrevo!". Ele passou a se exprimir assim: "Eu vou escrever as palavras, mas depois não dá para ler". É uma constatação reveladora de um passo importantíssimo no processo da alfabetização, qual seja o da vinculação — leitura-escrita — até então independentes. Saber escrever, mas não poder ler o que foi escrito, é fator gerador do conflito de passagem para o nível alfabético.

Conflito de passagem do nível silábico para o nível alfabético

Neste momento, quando a criança entra em conflito, perdendo a confiança que lhe advinha da certeza nos seus esquemas anteriores, muitas vezes ela regride para condutas do nível PS2, desolando um professor desavisado. Tantas vezes ouvimos afirmações do tipo: "Eu não sei o que acontece com Fulano. Ele desaprendeu tudo. Está como meses atrás".

Trata-se da catástrofe do conflito em que ele se encontra, mas do qual poderá sair para um nível mais elevado. A catástrofe pode fazê-lo regredir para o nível PS2, porque para superar o nível silábico ele deve negá-lo e, negando-o, se ainda não tem um substituto, só pode fazê-lo retornando ao pré-silábico. Por outro lado, o desequilíbrio em que ele se encontra se assemelha ao desequilíbrio que ele já viveu.

A experiência dessa instabilidade é difícil de ser vivida, tanto pelo aluno quanto pelo professor. Mas somente ela permite a passagem para o nível alfabético.

Esta passagem é o cenário da superação da hipótese silábica (a de que a cada sílaba corresponde uma letra), isto é, da entrada no nível alfabético. O aluno é levado a essa superação pela inconsistência da hipótese silábica para produzir leitura. A hipótese parecia resolver o problema da escrita, mas esta não é socializável, ou seja, outros não podem ler o que se escreveu, e nem para o próprio escrevente ela é discriminadora das palavras. Por exemplo, "sp" pode representar simultaneamente — sapo, sepo, sopa, sapé etc.

Com isso, mostramos que mesmo a forma mais discriminadora de utilizar a hipótese silábica, isto é, servir-se das consoantes de cada sílaba, ainda não permite a leitura de uma palavra supostamente escrita. Esse problema se agrava ainda mais se são as vogais que entram nas sílabas, pois a combinatória das consoantes é muito mais numerosa.

A escrita de uma palavra com as vogais "o a" pode ser sopa, lona, coma, mola, cola, fofa, fora, rola etc.

Se falarmos no caso em que as crianças não consideram o valor sonoro convencional das letras, a dificuldade de ler o que é produzido durante o nível silábico é ainda muito maior.

Há também os casos em que os sujeitos mesclam consoantes e vogais no seu exercício de hipótese silábica.

No momento da superação da hipótese silábica, a necessidade do conhecimento do valor sonoro convencional de algumas letras torna-se quase imperiosa, sob pena de o processo de leitura e escrita não poder avançar adequadamente.

Trata-se, didaticamente, do ponto crítico em que não conhecer o valor sonoro convencional de pelo menos certas letras básicas emperra a continuidade do processo, isto é, ele se torna patológico no sentido de que não pode ser socializado.

Nível alfabético

Neste momento, deve haver uma nova estruturação dos vários elementos que compõem o sistema de escrita. Por exemplo, há uma demanda mais próxima da associação letra x som, isto é, do valor sonoro convencional de algumas letras, bem como de saber como juntá-las para que constituam as sílabas. Lembramos aqui como se defendeu, equivocadamente, o prefeito de uma cidade do interior do Rio Grande do Sul, acusado de ser analfabeto: "Analfabeto eu não sou, pois conheço todas as letras. Só que quem as 'acolhera' (combina) é minha filha".

Neste momento, há necessidade de começar a distinguir basicamente algumas unidades lingüísticas, tais como: letras, sílabas e textos.

É interessante, porém, que o aluno ignora a palavra como unidade separada nas frases e nos textos. Ele coloca espaços entre partes da frase, independentemente das palavras que a compõem. Lembramos que, ao falar, não separamos palavras, o que pode reforçar essa tendência momentânea dos alunos. O aspecto alfabético da sílaba prepondera sobre a separação das palavras numa frase. Esta será uma preocupação posterior do sujeito que aprende.

Por outro lado, ler e escrever começam a ser vislumbrados em seus papéis de ações inversas uma da outra, o que antes podia ser ignorado completamente ou omitido.

Assinalamos, com isso, que a vivência de um conflito significa a etapa de vinculação de diversos elementos que antes estavam ou amalgamados ou independentes. Esses elementos constituem agora um novo sistema, no qual se relacionam mutuamente. Dá-se um salto qualitativo da maior importância — é a porta de entrada para um novo esquema de pensamento.

Porém, entrar no nível alfabético não significa ainda estar alfabetizado. Um aluno alfabético não sabe escrever corretamente, nem do ponto de vista ortográfico nem do ponto de vista léxico. No nível alfabético, o aluno ouve a pronúncia de cada sílaba e procura colocar letras que lhe correspondam. Neste nível é absolutamente legítimo escrever "qopo" ou "xinelo" ou "cazihna".

No nível alfabético, o aluno está centrado na escrita das sílabas. Sua grande descoberta é que a cada sílaba oral não corresponde só uma letra. Aliás, ele pensa, em sua ignorância inteligente, que a cada sílaba oral correspondem duas letras. E mais, uma consoante e uma vogal, sempre nesta ordem. Um alfabético escreve 'ramaze' para armazém. A inteligência de sua ignorância repousa no fato de que o número de sílabas deste tipo, comparativamente às demais na língua portuguesa, é nitidamente muito maior. Por isso, ele generaliza a partir de uma estatística empírica e intuitiva que todas sílabas são constituídas por duas letras, na seqüência qualitativa de uma consoante seguida de uma vogal.

Porém, o mais importante é que um aluno alfabético ainda não está alfabetizado porque se perde nas sílabas e por isso, sobretudo na leitura e na escrita de um texto, ele perde o seu sentido. Para que ele se torne alfabetizado, precisa superar a leitura e a escrita compartimentada em sílabas para voltar a ver a palavra como um todo, como ele o fazia no nível pré-silábico 2, de forma muito diferente e mais primitiva. Entretanto, certamente a leitura e escrita globais do nível pré-silábico 2 são um prenúncio e uma preparação do que terá que ocorrer mais tarde, para que alguém passe a sentir-se alfabetizado.

E daí, a importância do acolhimento das hipóteses que configuram o nível PS2, que se caracteriza na oportunização de que os alunos memorizam palavras e textos globalmente com base nos seus significados.

NÃO HÁ PRÁTICA SEM TEORIA

ALGUNS ASPECTOS DAS BASES TEÓRICAS DESTA PROPOSTA DE ALFABETIZAÇÃO

É importantíssimo salientar que a proposta do Geempa para alfabetizar crianças de classes populares parte de paradigmas muito diferentes daqueles que servem de base ao ensino atual. Trata-se, portanto, de uma autêntica revolução que não é fácil de realizar. Por exemplo, as didáticas dos níveis pré-silábicos e silábico não se constituem somente de novas e diferentes atividades para tentar produzir alfabetização, substituindo direta e paralelamente o que se vem fazendo até hoje nas escolas. Com efeito, não se trata de substituir a cartilha por uma série de outros exercícios que o professor deva criar um pouco mais proximamente da realidade de seus alunos. Há parâmetros fundamentalmente distintos nas concepções que orientam esta nova proposta didática. Neste sentido, é mais importante explicitar esses parâmetros do que descrever formas de atuação na sala de aula.

Estas formas devem ser compatíveis com os parâmetros e serão criadas pelos professores no confronto concreto de sua responsabilidade de fazer aprender uma turma de alunos e com a base teórica que embasa suas concepções de aprendizagem. De nada serve instrumentar professores para uma certa prática quando eles não estão senhores da teoria que a embasa.

Assim, Lino de Macedo, em seu artigo *Construtivismo e Aprendizagem da Escrita*, adverte que a aplicação das idéias de

Emilia Ferreiro, no ensino, implica necessariamente que elas se compatibilizem com uma certa teoria da aprendizagem, no caso, o construtivismo. A aplicação das idéias do Geempa implica que elas se compatibilizem com o pós-construtivismo. Sem isso, a aplicação carece de garantia de eficácia. Completamos as afirmações de Lino, dizendo que para utilizar a proposta do Geempa, que tem por base os estudos de Emilia Ferreiro, tem que se compatibilizar com o quadro mais amplo do pós-construtivismo, o qual incorpora, além de Piaget, Vygotski e Wallon, Sara Pain e Gérard Vergnaud. A proposta didática do Geempa associada a outras teorias de aprendizagem, que não a do pós-construtivismo, não faz sentido e, certamente, não vai ter êxito.

Aliás, não pode dar certo porque será como tentar misturar água com azeite, cujas densidades diferentes não combinam. Vai restar mais uma vez para o aluno malabarista (que não são todos) encontrar o seu caminho no labirinto incoerente do contexto escolar. Isto assumirá enorme gravidade quando se trata de alfabetizar crianças de classes populares.

É importante enfatizar que não faz sentido tentar associar o uso das cartilhas, ou as grandes linhas dos métodos convencionais de alfabetização, com a prática da proposta de alfabetização do Geempa. Há nisso uma contradição interna, porque as cartilhas não consideram a peculiar lógica do processo cognitivo do aluno, apoiando-se tão-somente na lógica do sistema de escrita a ensinar.

No entanto, o contrário é viável, isto é, para alguém que compreendeu o eixo da proposta do Geempa é possível selecionar hora e lugar para inserir certas atividades do ensino convencional — aquelas que não contiverem em sua essência o vezo de que se aprende por imitação do modelo correto, por associações de idéias, de percepções ou de movimentos, do simples para o complexo... que são alguns dos falsos pressupostos do empirismo que domina a prática escolar corrente.

A explicitação dos parâmetros, que estão na base da proposta didática do Geempa, será tanto mais esclarecedora quanto mais ela estiver inserida na história de sua determinação, incluindo idas e vindas, polarizações, exageros etc.

Vamos fazer hoje um esboço desta explicitação, consciente de que ela carece da profundidade e do rigor que seria desejável. Fazemo-lo, no entanto, porque julgamos que mesmo com certas lacunas ele pode ser útil para produzir questionamentos e reflexão.

A primeira vertente que distingue a proposta didática do Geempa é a da determinação das instâncias que interferem na aprendizagem. Dizemos que quatro instâncias interagem, em nível individual, na construção dos conhecimentos. São elas:

- a instância lógica;
- a instância simbólica ou dramática;
- a instância do corpo;
- a instância do organismo.

Definimos a instância lógica como a que dá conta daquilo que é comumente chamado de inteligência e que se ocupa da aquisição dos conhecimentos da realidade objetiva.

A estrutura simbólica ou dramática, comumente chamada de afetiva, é a instância da organização da realidade subjetiva de cada pessoa, daquilo que caracteriza o mundo interior de cada um de nós, dos nossos desejos.

O corpo é o lugar onde se realizam as percepções, os movimentos e os afetos, que se interiorizam para o funcionamento tanto da estrutura lógica como da simbólica.

O organismo funciona como um aparelho registrador, é a matéria-prima sobre a qual vai se construir o corpo. É a potencialidade genética do ser humano, o que caracteriza geneticamente o indivíduo.

Estas quatro instâncias que explicam, em nível individual, a construção dos conhecimentos estão inseridas num contexto sócio-cultural sem o qual não há captação de "ensenhas",* material essencial da aprendizagem cognitiva, pois, segundo Sara Pain, "todo conhecimento é conhecimento do outro".

Sem nos determos, por ora, nesta inserção do indivíduo num contexto sociocultural como elemento essencial para a aprendizagem, assinalamos entretanto seu papel relevante e voltamos à análise das quatro instâncias que funcionam em nível individual na aprendizagem.

Duas outras vertentes definem a proposta didática do Geempa, a saber:

- a determinação da modalidade de funcionamento de cada uma destas instâncias;
- a dinâmica das suas interligações.

Vamos analisar as três vertentes simultaneamente, como segue.

A determinação das instâncias teve uma história singular ao longo dos tempos, coerente, aliás, com a forma como se constroem os conhecimentos, isto é, dialeticamente. Aqueles que tentaram explicar a construção do saber oscilaram entre valorizar uma destas instâncias e o extremo de excluir as demais.

---

* As "ensenhas" são unidades de conhecimento que são captadas pelo aprendiz quando ele está em processo. O conhecimento não pode ser adquirido em bloco como um todo.

Fazendo um esquema simplista desta história, podemos dizer que houve época em que se acreditava que a formação dos conhecimentos era de exclusiva responsabilidade da inteligência, sendo a inteligência uma entidade supracorporal, independente e soberana na esfera das idéias.

O funcionamento da inteligência, por sua vez, era visto oscilando entre dois pólos extremos — ora tudo nela vinha pré-formado e tratava-se somente de transformar em "ato" aquilo que já estava inato dentro dela como "potência", ora tudo tinha que vir de fora, através da informação verbal de outrem e, portanto, tendo como base do seu funcionamento a palavra. Nesta segunda alternativa, a inteligência era como uma "tábula rasa" onde se iriam imprimir caracteres.

A inclusão da percepção como elemento necessário para a inteligência é já uma inserção do corpo no funcionamento dos esquemas de pensamento. A modalidade de atuação da percepção torna-se um elemento explicativo de como funciona a inteligência. Uma destas modalidades é a de que as coisas percebidas entram para a estrutura inteligente da pessoa pela fixação imediata de imagens perceptivas. Os sentidos garantem inteiramente a inteligência, sendo clássica a frase "tudo o que está na inteligência passou pelos sentidos".

A inclusão da percepção foi seguida pela inclusão dos movimentos como matéria-prima para o funcionamento da inteligência. Descobriu-se que a ação motriz tinha grande responsabilidade na organização do pensamento. Aliás, pode-se dizer, tinha a inteira e total responsabilidade.

São exclusivismos como estes que caracterizam os avanços explicativos do conhecimento da realidade. Ao se descobrir o papel do movimento, da ação motriz, vinculada ou não às percepções, esqueceu-se de quase todo o resto. A psicomotricidade, neste período, dominou a cena pedagógica.

Entretanto, as idéias de Freud e de seus seguidores apareceram no palco destas teorizações. Descobriu-se a importância do afetivo, do âmbito dos desejos, estruturado na esfera familiar e vinculado à dimensão inconsciente. Em educação, um dos efeitos destas descobertas foi o de julgar-se que a inteligência depende inteiramente do afetivo, que a saúde emocional é que garante o bom funcionamento intelectual. Pelo menos, quando um aluno não aprende, isto é, nos casos de dificuldade de aprendizagem, a solução mais comum é tratá-lo do ponto de vista emocional, imputando, portanto, aos problemas de aprendizagem causas afetivas, ou seja, procurando estas causas principalmente na sua dramática familiar. Nesta linha de explicação se situa atitude corrente entre os professores, que se eximem de responsabilidades quando os seus alunos não aprendem, quando sabem que tal ou qual aluno tem pais separados, mães superprotetoras, pais alcoólatras, ou até preconceituosamente julgam que o fato de a mãe trabalhar fora caracteriza o abandono do filho.

Suas convicções não se abalam, mesmo quando muitos outros dos seus alunos, apesar de viverem situações semelhantes em casa, logram sucesso nas suas aprendizagens.

Por outro lado, das descobertas psicanalíticas derivou uma outra conseqüência educacional: o que mais interessa na aprendizagem é a relação afetiva do professor para com o aluno, chegando-se a afirmar que mais do que tudo um professor deve amar os seus alunos.

Até aqui, procuramos assinalar como particularmente inadequada a polarização, em termos absolutos, de uma destas instâncias como fonte única e exclusiva da construção do saber. Justamente o que hoje se considera é a interação entre estes campos: a estrutura lógica, a estrutura simbólica, o corpo e o organismo como responsáveis pela aquisição dos conhecimentos. É na interação destas quatro instâncias que se baseia a proposta de aprendizagem do Geempa. Daí que o Geempa se recusa a considerar cada uma das afirmações que se seguem, como sendo isoladamente a explicação do que se passa no processo de alfabetização:

- ler é uma operação lógica;
- a alfabetização é uma relação de amor;
- aprender a ler e escrever depende do desenvolvimento perceptomotor;
- a alfabetização é função da maturação orgânica.

Estas afirmações se vinculam às instâncias de que falamos acima, a saber:

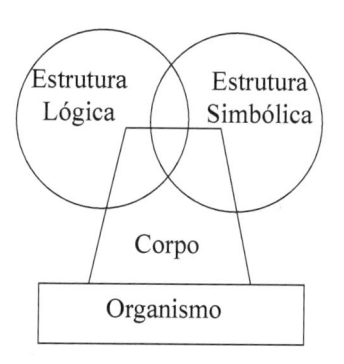

COMO CHEGAM À ESCOLA
MUITOS ALUNOS

INTRODUÇÃO

A *Didática dos níveis pré-silábicos,* que ora apresentamos, é fruto de anos de experimentação e de reflexão da equipe de pesquisa do Grupo de Estudos sobre Educação — Metodologia de Pesquisa e Ação (Geempa), sobre a alfabetização de crianças e de adultos.

O núcleo inicial desta pesquisa foi o insucesso escolar de crianças das periferias urbanas na 1ª série do ensino fundamental — problema crucial da educação brasileira até hoje.

O trabalho de campo deste estudo foi precedido pelo estabelecimento de um clima de confiança entre lideranças e a comunidade da favela, onde ele se iniciou, com a equipe de pesquisadores. Essa é uma condição prévia indispensável para a obtenção de dados válidos, quando um estudo científico se faz por pesquisadores que não pertencem à mesma classe social dos pesquisandos.

Surpreendeu-nos a constatação de que essas crianças não apresentavam traços de desnutrição capazes de justificar seu insucesso escolar, pois seus desempenhos em provas cognitivas e perceptivo-motoras se revelaram equivalentes aos de crianças de classes alta e média. A desnutrição que assola as classes populares não permite que a quase totalidade de crianças por ela atingida logre sobreviver além dos 7 anos.

Então, como justificar o fracasso desses alunos na escola?

Dois fatos conduzem à conclusão de que esse fracasso se justifica por uma inadequação da proposta escolar.

Primeiramente, porque essa escola, não ensinando em massa alunos de classes populares, sobretudo nas 1ªs séries, provoca a internalização de um estigma de sua incapacidade de realizar as aprendizagens escolares.

Esse estigma é, portanto, determinado a partir da experiência real e repetida do insucesso na escola, e só poderá ser eliminado pelo seu antídoto correspondente — a experiência concreta de sucesso.

Em segundo lugar, as crianças de classes populares chegam à escola com uma bagagem de conhecimentos muito diferente daquela que trazem as crianças de classes alta e média, no tocante à alfabetização, embora seus potenciais cognitivos se equivalham. A ausência quase completa de experiências com materiais e atos de leitura e de escrita nas famílias de classes populares, no período de 2 a 6 anos das crianças, não lhes possibilita percorrer a mesma trajetória da psicogênese ao longo deste período, que percorrem crianças de ambientes letrados. Lembre-se que temos no Brasil 50 milhões de analfabetos adultos, muitos deles são pais dos alunos que chegam à aula.

Esta segunda justificativa de inadequação da proposta escolar só nos foi possível detectar e compreender graças aos estudos de Emilia Ferreiro sobre a psicogênese da alfabetização, os quais são relativamente recentes, mas suficientemente fundamentados.

Emilia Ferreiro estudou esse assunto desde 1974, pesquisando-o com uma grande equipe em Buenos Aires até 1976, continuando-o a seguir em Genebra e no México; coletou dados de uma população representativa de sujeitos oriundos inclusive de vários países, tais como EUA, Espanha, Israel e Brasil, através de outros pesquisadores neles radicados. O núcleo das pesquisas de Emilia Ferreiro se situa num lugar intermediário entre a teoria de Jean Piaget e a sala de aula. Emilia insiste em afirmar que ela não construiu nenhum método de alfabetização, mas que estuda o processo que percorrem aqueles que se apropriam da leitura e da escrita, procurando desvelar os mistérios da história desse processo.

A aplicação em escolas dessas conquistas sobre o processo de alfabetização constitui outro campo de pesquisa que é a didática da alfabetização. Sobre os elementos fornecidos pelos estudos de Emilia Ferreiro podem ser construídos métodos para alfabetizar. O Geempa preferiu e prefere trabalhar em torno de um problema mais amplo do que a construção de um método de alfabetização, optando por construir uma proposta didática.

> Entendemos por proposta didática um conjunto de atividades cuja validade se mede por sua eficácia em produzir conhecimentos por parte da população a que se destina. Esse conjunto de atividades é o resultado de um sistema de inter-relações entre elementos que subjazem necessariamente à sua elaboração. Entre esses elementos, estão o seu posicionamento político, a sua fundamentação psicológica da aprendizagem — epistemológica, cognitiva e afetiva —, a sua definição de contexto didático-pedagógico no âmbito de um campo conceitual de conhecimentos.

Disso decorre um ponto essencial — uma proposta didática é muito mais do que uma receita. Ela exige entre outros pré-requisitos a sua recriação a cada vez que é aplicada, como todo ato pedagógico verdadeiro. Traça princípios apoiada na prática concreta de muitas experimentações confrontadas com dados teóricos que as expliquem. No nosso caso, trata-se de uma elaboração tipicamente brasileira ou tipicamente latino-americana, onde teoria e dados empíricos foram retrabalhados em função de nossa própria realidade.

Em *Didática dos níveis pré-silábicos*, apresentamos uma parte da proposta didática do Geempa para alfabetizandos em escolas de periferia urbana.

Importa esclarecer que, nas nossas experimentações, a proposta didática é conduzida por um professor unidocente que se ocupa de todas as disciplinas, durante cinco dias da semana.

Esta pesquisa do Geempa contou ao longo dos seus sete anos com inúmeros colaboradores que são indiretamente co-autores do conteúdo deste texto. Representando todos eles, citamos aqueles que no início estiveram muito próximos da sua redação: Norma Marzola, Analice Dutra Pillar, Maria Celeste Machado Koch, Maria Júlia Berta Canibal, Regina Maria Aver Parenza.

A didática dos níveis pré-silábicos e classes sociais*

A didática dos níveis pré-silábicos se caracteriza pela criação de um ambiente rico de materiais e de atos de leitura e de

---

* Os pré-silábicos são dois dos quatro níveis da psicogênese da alfabetização. Conforme o capítulo "Psicogênese da alfabetização — Uma trajetória singular", em que retomo a teoria de Emilia Ferreiro à luz dos resultados da equipe de pesquisa do Geempa.

escrita, à semelhança do ambiente que é vivenciado por crianças das classes alta e média no seu meio familiar. Via de regra, esse ambiente compreende muitos materiais escritos, bem como muitas oportunidades de assistir a atos de leitura e de escrita. Outrossim, nessa experiência com os materiais escritos não há seleção e ordenação de letras ou palavras para vivenciar. Muito ao contrário, as crianças tomam contacto com todas as letras e com qualquer palavra, simultaneamente. Os estudos de Emilia Ferreiro mostram como, durante essas experiências, as crianças avançam no processo que prepara a alfabetização bem antes de entrarem na escola. Elas têm ocasião de resolver um bom número de problemas a propósito do que significa ler e escrever, pois, como Emilia, nós pensamos que alfabetizar-se é muito mais do que manejar a correspondência entre sons e letras escritas.

Como diz Wallon,* "o engano do associacionismo** é o de querer explicar a vida psíquica nos seus primórdios através do isolamento de elementos que, somente no fim da sua evolução, podem ser isolados sob forma individual". Da mesma forma, a correspondência entre sons e letras escritas não se apresenta no início do processo. Nesse início, as crianças não vislumbram que a escrita tem a ver com a pronúncia das partes de cada palavra.

Questões típicas dos níveis pré-silábicos

As crianças fazem idéias muito interessantes e constroem hipóteses em torno de questões como as que seguem:

---

* Henri Wallon (1879-1962), psicólogo francês, autor de "As origens do pensamento da criança".
** Associacionismo: doutrina que reduz todas as operações da vida mental à associação de idéias ou de representações (Stewart Mill, Taine).

O que e onde se lê? Lê-se nas imagens (desenhos, fotos...) ou se lê nas letras? Pode-se ler em letras não acompanhadas por imagens?

Antes que a criança compreenda a possibilidade de que as letras possam ter algum vínculo com a expressão de alguma realidade, isto é, que as letras possam dizer algo, ela faz experiências de ler a realidade em desenhos, gravuras e fotos, ou seja, em imagens gráficas. Ela associa às imagens a capacidade de expressar aspectos do real e nem suspeita que com um conjunto de risquinhos se possa fazer o mesmo.

A criança segue no seu processo perguntando coisas como:

"- Lê-se tudo o que está escrito? Escreve-se tudo o que se lê?" Isto é, leitura e escrita estão intrinsecamente vinculadas ou elas guardam certa independência?

Que condições devem ser preenchidas, quanto ao tipo de letras que devem aparecer ou quanto ao número de letras, para que coisas escritas possam ser lidas?

Sabe-se que as crianças, no processo de alfabetização, fazem a esse respeito diversas conjeturas, tais como:

Para se poder ler algo, deve haver bastante letras (no mínimo três).

Para se poder ler, não pode haver duas letras iguais, uma ao lado da outra.

Satisfeitas essas condições, o que se lê? Lêem-se palavras? Quais palavras? Lêem-se só substantivos? Lêem-se também verbos, adjetivos, advérbios, pronomes, artigos etc.?

Lêem-se frases?

Letras e números são a mesma coisa? Afinal, contam-se histórias e os números servem para contar.

Escrevem-se coisas diferentes em suportes diferentes?

Por exemplo, antes de saber ler no sentido escolar, uma criança de classe média ou alta já sabe distinguir a natureza de um texto de acordo com o seu suporte. Ela sabe o que costuma aparecer num jornal, o que contém uma carta, como são os textos num livro de histórias, etc.

Uma criança que vê pessoas lendo e escrevendo tem ocasião de se pôr questões a respeito desses atos.

Lembro de uma menina com 2 anos e meio que estava na sala onde eu lia um livro. Quando virei uma página, ela me perguntou: "- O que tu estás fazendo?".

Eu, automaticamente, respondi:

"- Estou lendo".

Ela achegou-se ao livro, virou outra página e me disse:

"- Eu também".

Esse fato ilustra como atos de leitura podem provocar crianças, muito antes de elas entrarem na escola.

Diferença na evolução das concepções sobre ler e escrever de acordo com a classe social dos alunos

Esse tipo de experiência e as respostas mais ou menos adequadas dos adultos podem propiciar a evolução das concepções das crianças a respeito do que é ler e escrever. Em classes alta e média, em função da maior presença de materiais e atos de leitura e de escrita, é muito mais fácil que as crianças realizem essa evolução e, via de regra, os alunos oriundos desse ambiente chegam à escola com uma bagagem de conhecimentos para a alfabetização diversa da bagagem das crianças oriundas de classes populares. Estas, mesmo que sejam bem desenvolvidas em vários campos de experiência, estão, a respeito da leitura e da escrita, em níveis bem menos avançados do que seus colegas das escolas dos centros de cidades, freqüentadas por crianças de meios intelectualmente mais favorecidos.

Elas requerem, por isso, uma proposta didática diferente, que vá ao encontro do seu nível de compreensão desse conteúdo específico. É isto que o Geempa vem fazendo ao longo dos seus anos de pesquisa e ação em torno do problema crucial do insucesso escolar de alunos das periferias das cidades. Uma das características marcantes de uma proposta didática para alfabetização de crianças de classes populares é a de que ela deve atentar para este dado fundamental: a quase totalidade desses alunos inicia o ensino fundamental em níveis pré-silábicos. Os dados precisos do Geempa revelam que 90% dos alunos que até agora alfabetizamos nos chegaram nesses níveis, mesmo entre os repetentes.

Crianças pré-silábicas não podem iniciar seu processo de alfabetização pelos métodos convencionais, os quais foram organizados para alunos já alfabéticos.

Uma proposta didática capaz de reverter insucessos

Por tudo isso é que propomos uma metodologia bem determinada para a alfabetização de alunos das classes populares, com a qual logramos, em 1984, alfabetizar 97% dos alunos de três classes experimentais do nosso projeto, em três vilas da periferia de Porto Alegre. Nessa metodologia, o aluno vivencia, ao chegar à escola no mês de março, todas as letras, qualquer palavra e qualquer texto. Isto é, desejamos criar para ele um ambiente semelhante àquele que comumente crianças de classes alta e média têm no seu ambiente familiar, isto porque esse aluno vive a circunstância específica de uma família onde pode haver analfabetos ou alfabetizados com poucos anos de escolarização, onde materiais e atos de leitura e escrita são muitíssimo escassos.

Com efeito, nós procuramos criar um ambiente semelhante ao vivenciado por alunos vindos de classes alta e média. Perseguimos a aceleração desse processo, recuperando vivências que não puderam ser feitas em família ao longo de vários anos. Nesse sentido, nossa proposta visa a atacar intencionalmente as concepções que os alunos estão apresentando nos níveis pré-silábicos, causando-lhes conflito e propiciando, a partir dessa problematização, a passagem para o nível silábico. Para isso é que são concebidas as atividades didáticas desse nível.

Uma tentativa de ensinar cores

Os primeiros passos de uma aprendizagem não podem ser imediatamente os de sistematização de conhecimentos inexistentes. Uma tentativa de ensinar as cores a um grupo de crianças é bem ilustrativa dessa afirmação. Em 1967, defrontamo-nos, numa favela de Porto Alegre, com uma classe de alunos de 1º ano, entre 7 e 9 anos, que não distinguiam cores. A constatação mais mobilizante desse fato se deu para nós ao usarmos nessa classe, as barrinhas em cores, de Cuisenaire.* Os alunos adoraram o material trazido. Ouviu-se, inclusive, a exclamação seguinte:

" — Que bênção são estas madeirinhas!".

Após mais de trinta minutos de jogo livre com as barrinhas, em que os alunos fizeram inúmeras construções e dramatizações, eu arrisquei solicitar:

" — Vocês podem me dar uma barrinha como esta?" — mostrando-lhes sucessivamente cada barrinha.

Eles mostravam aleatoriamente qualquer cor. Eu fiz um grande empenho em me fazer compreender, explicando que estava pedindo uma barrinha da mesma cor e do mesmo tamanho da que eu mostrava. E nada! Fiquei desolada e desafiada. Eu nunca tinha visto semelhante coisa. Meus filhos e sobrinhos, bem como os alunos das escolas em que lecionávamos, por volta dos 3 anos já identificavam várias cores.

Nessa época, trabalhávamos no Instituto de Educação num curso de especialização sobre Metodologia da Matemática

---

* As barrinhas em cores de *Cuisenaire* são um conjunto de barrinhas coloridas de madeira em dez tamanhos, associadas a dez cores diferentes.

e planejamos, no curso, como enfrentar o desafio da aprendizagem das cores por aquelas crianças. Acrescentemos à vivência das barrinhas em aula o fato seguinte: ao terminar a aula, um dos meninos me convidou para ir conhecer um irmãozinho novo que tinha acabado de nascer. Ao me dirigir à casa do nenê, observei que naquela vila não havia cores. As casas feitas de caixotes de geladeiras da "Admiral" eram da cor da madeira. Não havia nenhuma árvore na vila, as roupas já eram desbotadas e nossos alunos nunca saíam da vila, sendo que a maioria deles não conhecia o centro de Porto Alegre, que não era longe dali. Compreendi por que eles não reconheciam as cores — faltavam-lhes experiências variadas das cores. Então, como ensiná-las? Pesquisamos junto às professoras do Jardim da Infância do Instituto de Educação como elas trabalhavam cores com seus alunos. Elas nos relataram que faziam uma sistematização, em que cada semana era reservada a uma cor, ou seja, em cada semana elas inundavam os alunos com uma só cor. Faziam um painel na parede com todo tipo de objetos daquela cor. Pintavam e desenhavam somente com ela... Inspirados nessa experiência, usamos todas as suas atividades e ainda tentamos aperfeiçoá-las. Inventamos uns óculos da cor de cada semana que cada aluno portava, e a Dinorah* nos escreveu lindos versinhos sobre cada cor, que foram decorados e recitados pelos alunos nas respectivas semanas.

Dolorosamente constatamos, ao final de três meses, que os alunos continuavam sem distinguir as cores. Avaliando nosso fracasso, demo-nos conta do erro na pedagogia adotada. Como

---

* Dinorah Luz do Prado, escritora de livros infantis, aluna desse curso no Instituto de Educação.

sistematizar antes que os alunos tivessem tido a oportunidade de estabelecer certos pontos de referência, a partir de um universo rico de todas as cores? Tínhamos, ao contrário, que inundá-los inicialmente com todas as cores simultaneamente. Quando eles estivessem reconhecendo, mesmo que precariamente, várias delas, seria talvez necessário fazer uma sistematização. Não antes. Seguimos essa orientação e deu certo. Em dois meses, os alunos lograram reconhecer as cores.

Transpondo para a alfabetização, é o que se passa com as letras. Ensiná-las uma a uma, como as cores, para crianças que não as vivenciaram antes, é inútil. Além do mais, sabe-se que as crianças não começam pela distinção de letras isoladas. Elas as distinguem primeiramente na qualidade de iniciais de nomes de pessoas ou de palavras que lhes são muito significativas. Entre essas palavras figura normalmente o seu próprio nome. Não se trata de uma memorização direta da correspondência da letra ao seu som, pela repetição dessa informação por parte de alguém que ensina. Essa aprendizagem é muito mais complexa e passa pelos meandros da sociabilidade e da afetividade. As crianças falam da sua letra, isto é, da letra do seu nome (referindo-se à sua inicial) e passam por um período em que pensam ser essa letra só sua, a sua identidade. Descobrir que há outras pessoas, cujos nomes iniciam por ela, também é um momento não só importante mas que exige renúncia. Associar letras a nomes que lhes são significativos constitui o caminho inicial para o reconhecimento, tanto morfológico como sonoro, das letras. O conjunto de nomes aos quais normalmente cada criança associa suas iniciais será tanto mais significativo quanto mais pessoal.

Tesouro — conjunto de palavras significativas de cada aluno

Com o objetivo de nos aproximar o mais possível desse ideal de significação é que criamos o "tesouro" de cada aluno na sala de aula, nesta nossa proposta didática. O "tesouro" consta de uma caixa ou de um envelope onde cada aluno tem escritos os nomes de pessoas, de animais ou de objetos que lhe são mais importantes. A professora dispõe de um certo tempo para que periodicamente cada aluno lhe fale das palavras que ele quer pôr no seu tesouro. O tesouro, sendo seu, pode ser consultado quando ele precisar para saber como se escrevem aquelas palavras, pode copiá-las, pesquisá-las. As professoras solicitam que cada um separe, no seu tesouro, as palavras que começam por uma determinada letra, ou que contêm o número de letras de algumas palavras, que separem as palavras que começam pela sua letra etc. Várias atividades são propostas com as palavras do "tesouro", as quais são individuais para cada criança.

Tipos de análises de palavras nos níveis pré-silábicos

A didática específica dos níveis pré-silábicos, sendo rica e variada, se pauta pela ausência de análises silábicas. As palavras são analisadas de outros pontos de vista que não o silábico. Entre eles, o número de letras, as letras iniciais ou finais, a ordem das letras, o tamanho e a posição da palavra etc. Paralelamente, interessa-nos, neste período, que as crianças memorizem como se escrevem algumas palavras, mesmo que elas não compreendam ainda o mecanismo da vinculação com a pronúncia de suas partes. A memorização dessas palavras vai ser fonte de conflito quando os alunos estiverem silábicos, e isso enriquece o processo.

Neste nível, trabalhamos intensamente os nomes dos alunos da classe. Primeiramente, com certa solenidade, a cada um deles é entregue um crachá com o seu nome. Todos os dias, os crachás voltam a ser distribuídos sob as mais diversas modalidades. Entre elas, citamos:

- dizer o nome do aluno e mostrar o crachá;
- deixá-los sobre uma mesa para que cada aluno identifique o seu;
- pedir que um aluno os distribua;
- dar dicas sobre o nome escrito em cada crachá para que a classe o identifique; por exemplo, é um nome que começa por T e tem cinco letras.

Os nomes dos alunos podem ser o suporte de muitas outras atividades didáticas, tais como, bingo de letras, bingo das iniciais e bingo dos nomes, formação de conjuntos, associação de nomes às iniciais através de dominós etc.*

A didática da palavra nos níveis pré-silábicos compreende três grandes tipos de atividades, a saber:

- a memorização global de palavras, muito especialmente o próprio nome do aluno;
- a vinculação do objeto ou da figura com a palavra escrita;
- análises não-silábicas.

A informação a respeito da associação entre objetos e seus nomes é atividade rica para a alfabetização. Ela porém não deve ser feita de forma repetitiva e limitada a poucos objetos. Não é

---

* Veja sobre isso, no Relatório do Geempa de 1982, intitulado "Alfabetização em Classes Populares", o capítulo "Conjunto de atividades utilizando os nomes dos alunos", no prelo.

a repetição que produz aprendizagem. É o estabelecimento de múltiplas relações que gera conhecimento.

Dois tipos de letras e muitos conjuntos de alfabetos móveis

Em função desse mesmo argumento, optamos pelo uso simultâneo de dois tipos de letras quando apresentamos palavras ou textos aos alunos. Nosso intuito não é o de que os alunos escrevam nos dois tipos de letras — as maiúsculas de imprensa e a cursiva. Trata-se, com efeito, de propiciar duas representações de uma mesma realidade que permitam uma maior mobilidade cognitiva dos significantes e do significado em questão, o que ajuda e não entrava o tratamento dos elementos que interferem para ler e escrever.

Lembre-se da afirmação de Goethe, que também dá suporte a esta orientação didática: "Quem não conhece uma segunda língua não conhece a sua própria".

Sendo as letras os elementos básicos da escrita, o aluno precisa se familiarizar o mais amplamente com elas. Além do seu aparecimento na escrita de palavras e textos, costumamos enriquecer o ambiente da sala de aula com muitos alfabetos feitos de diversos materiais — madeira, plástico, papelão, lixa, feltro, arame... — e em diversos tamanhos de letras. Eles são caracterizados como alfabetos móveis.

O trabalho com letras, além da busca do estabelecimento da correspondência com sons, tem também um objetivo de ordem espacial, isto é, o de conduzir os alunos à invariância das suas formas. O aluno deve conseguir fixar-se nas propriedades mais gerais do traçado das letras, independentizando-se de variações secundárias, como o seu tamanho ou a posição nas palavras.

Trata-se de propiciar aos alunos um trabalho ativo de manipulação das letras pela proposição de problemas adequados para que suas características, amalgamadas inicialmente, se decantem e se separem.

Sabemos que isso não se realiza pela via simples da percepção, mas requer a combinação simultânea de atividades motoras, de formação de imagens, bem como de articulações verbais. O trabalho inicial dos alunos com alfabetos móveis pode até girar em torno de atributos alheios à forma das letras, tais como ater-se à sua cor ou à sua espessura, associada à possibilidade de com elas fazer montagens.

Aspectos topológicos no traçado das letras

Antes de se preocuparem com a forma das letras, os alunos se interessam por suas propriedades topológicas, tais como ter ou não ter uma parte fechada. Por exemplo, o B tem dois interiores, enquanto o T não possui nenhum; o A, o R, o D, o O, o Q, o P possuem um interior. Propor questões a esse respeito é uma maneira de preparar os alunos para analisarem depois a forma das letras. A articulação das partes das letras é também um aspecto topológico. Por exemplo, quais letras se podem construir com um só pedaço de barbante e para quais são necessários dois ou mais? Veja-se: o D, o O, o L, o M, o N são letras que posso construir com um só calcar de lápis, o que corresponde a poder construí-las com um só pedaço de barbante. Entretanto, o H, o T, o F, o E, o Q, etc. são impossíveis de construir com um único pedaço de fio, porque não são constituídos de um só segmento. Outra análise possível é a de quantas pontas (no sentido de último ponto de um segmento aberto) uma letra possui. O H e o X possuem quatro pontas, mas a estrutura topológica de ambos difere porque o X é constituído de dois traços, enquanto o H possui três. Estamos explicitando aspectos que são tratados pelas crianças, ao menos implicitamente, na sua busca de discriminações das letras.

Uma vez que aspectos topológicos entram na análise das letras, mas também porque sabemos que elas fazem parte das preocupações cognitivas de crianças dessa idade, vale a pena propor atividades em torno das noções de aberto e fechado, dentro e fora, assim como de região no plano e no espaço. Inclusive, a utilização da prova de reprodução de traçados, montada e utilizada pelo Geempa há muitos anos, é um auxiliar eficaz na caracterização do desenvolvimento dos alunos do ponto de vista da estruturação espacial a partir de aspectos topológicos aqui levantados.*

Enfatizamos, com esta abordagem, a primazia da ação do aluno na caracterização das letras, a qual vem integrada aos aspectos sociais e afetivos de que falamos antes.

Queremos dizer que a análise da forma da letra não precede a sua associação à inicial de palavras significativas para a criança. O processo é vivido complexamente na simultaneidade de vários aspectos. Contrariamente ao que os professores podem pensar a respeito do reconhecimento das letras, isto é, de que só funciona a associação perceptiva, há, com efeito, um longo trabalho de classificação com análises e sínteses de diversos pontos de vista para que esse reconhecimento se dê.

---

* A descrição da prova da reprodução de traçados, bem como os critérios para a sua avaliação, apareceram em *Aprendizagem em classes populares,* Geempa, 1980.

A posição arbitrada das letras

Na alfabetização, dar-se conta da invariância da forma das letras se choca com a necessidade de usá-las sempre numa posição determinada. Embora R e ᴚ sejam a mesma letra, convencionamos que só vale escrevê-la na primeira posição. Trata-se de uma restrição que se acrescenta e mesmo se contrapõe à invariância da forma das letras. Contrariamente ao que uma pedagogia associacionista crê, não é o uso fixo da letra na sua posição arbitrada que melhor conduz os alunos a privilegiar essa posição. Com efeito, se eles trabalharem expressamente as letras nas suas mais variadas posições por meio de transformações geométricas, tais como, rotações, simetrias e projeções, estaremos propiciando as condições de identificação de uma delas. Por isso, sugerimos a construção de séries com letras e outros objetos baseados nesses tipos de transformações geométricas, incluindo-se as transformações projetivas que tratam de tamanhos de uma mesma forma.

Os alunos devem continuar a série até o fim de cada linha de acordo com o padrão básico apresentado:

$$RR\text{R} \quad RR\text{R}$$

$$B\text{ɞ} \quad B\text{ɞ}$$

$$B\text{ᗺ}$$

$$A\text{ᐳ} \text{Ɐ} \text{ᐸA}$$

Vê-se que, com essas atividades, a criança aprende o traçado das letras mas não de forma mecânica, por uma simples tarefa de execução perceptivo-motora. Ela faz uma aprendizagem, resolvendo ao mesmo tempo um problema inteligente, qual seja, o de descobrir o padrão que se repete e as modificações que ele encerra em si mesmo, como em

RRR

Seriação das letras nas palavras

Outrossim, o tratamento da ordem das letras numa palavra é um componente básico do sistema da escrita. Fazer trabalhar as relações de ordem total, que estruturam as palavras, é uma exigência para produzir uma boa alfabetização com boa qualidade lógica.

Porém, não será só o trabalho específico com a ordem das letras o mais eficaz para a compreensão ampla da problemática da seriação. A ordem temporal dos dias da semana, parte das situações cotidianas de alunos na faixa da alfabetização, deve ser trabalhada de maneira motivadora. Costumamos associar a cada dia da semana uma posição do corpo como, por exemplo, na representação que segue, desenhada por um aluno:

2ª   3ª   4ª   5ª   6ª   sábado domingo

Código para os dias da semana

Pareceria que complicamos inventando um novo código como intermediário, ao invés de fazer memorizar muito simplesmente a ordem dos nomes dos dias da semana. No entanto, para tornar um conhecimento susceptível de ser aprendido, necessita-se complexificar o real para que o aspecto da realidade concernida se transforme num problema instigante à compreensão do sujeito que aprende. Ora, associar à seqüência ininterrupta dos dias uma certa unidade de medida que é a semana, composta de sete dias que se sucedem, é algo que emana de um ser inteligente, sendo uma associação arbitrária que faz parte do âmbito da cultura. Estamos em face de uma relação de tipo lógico e não de uma relação de causa e efeito que pode, por exemplo, ser observada nas ciências naturais. A ordem dos nomes associados aos dias da semana é de natureza semelhante ao código da língua escrita, ao menos na sua origem arbitrária determinada pela cultura. Por isso, trabalhar a ordem dos dias da semana tem ligação com a alfabetização, embora se trate de um conteúdo aparentemente bem diferente dela.

Organização temporal das atividades em aula

Não só a seqüência dos dias da semana é importante ser trabalhada do ponto de vista da ordem temporal, mas toda a organização temporal dos trabalhos em aula deve também contribuir para isso.

A presença de uma rotina básica sempre respeitada é fator importante de organização temporal dos alunos. Inicia-se essa rotina pela duração do tempo de trabalho, isto é, pela estabilidade das horas de começar e terminar a aula. Nós não exigimos a pontualidade dos alunos só por uma questão de criação de bom hábito social, mas porque isso se insere também na organização de sua inteligência. Uma manhã ou uma tarde de trabalho escolar deve ter uma certa estrutura temporal básica. Por exemplo, ter um momento mais ou menos fixo para a merenda, assim como fixar o intervalo de tempo para que os alunos realizem essa atividade, que é também essencialmente didática. A semana deve também ter uma certa estruturação com certas atividades determinadas para alguns ou todos os dias. Como se pode querer que os alunos aprendam os nomes dos dias da semana, o que é uma forma de diferenciá-los, se eles não têm pontos de referência que os discriminem na sua prática? Acrescente-se a essa problemática o fato de que, nas classes populares, nem o sábado e o domingo são dias marcados pelo descanso, para os adultos, pois fazer extras nesses dias ou fazer biscates para acrescentar mais alguma entrada de dinheiro à família é fato corriqueiro. Com isso, queremos enfatizar a importância ainda maior, se se tratar de um trabalho com alunos de classes populares, de se estruturar muito bem o tempo escolar.

Organização do espaço na aula

Se falamos de tempo, é imperioso falar também de espaço. O ambiente físico da sala de aula e da escola é por si só fator de organização para os alunos. Uma sala de aula com carteiras enfileiradas é um recado eloqüente do tipo de relação que se espera ver estabelecida numa classe. Se colocamos os alunos por grupos, o recado já é bem outro. Se algumas vezes fazemos um grande círculo com as carteiras ou se os alunos ouvem histórias sentados no chão, bem próximos ao professor, é porque temos certas intenções a respeito das relações que esperamos ver estabelecidas em aula.

A organização e a distribuição dos materiais didáticos são outros fatores de auxílio ou de empecilho à estruturação da inteligência dos alunos. Vê-se que o êxito do trabalho docente para ajudar os alunos a vivenciar e a superar os níveis pré-silábicos, assim como os demais níveis de alfabetização, é dependente de todo o conjunto de situações que se vive na escola. Ou seja, a proposta didática comporta todos esses aspectos.

A merenda como atividade pedagógica

Uma breve palavra sobre a merenda. Ela é para nós uma atividade didática entre todas as outras. Uma atividade cheia de significados. Por meio dela, podemos transmitir muito do que pensamos sobre os nossos alunos de classes populares. Por exemplo, que eles não são gente como nós, porque a eles "empurramos" alimentos de soja, que não são da nossa cultura; cheios de pressa, damos de comer a eles, de pé, em canecas feias, todas previamente servidas; para isso, na porta do refeitório da escola, eles devem fazer fila, como se esta ou outra merenda não pudesse ser servida nas salas de aula, socialmente, em torno de mesas cobertas por toalhas, mesmo que simples, comungando uns com os outros a alegria de uma refeição humana e civilizada. Se ela fosse assim, demonstraríamos concretamente que eles são pessoas como nós, desejantes (e não famintas), suspirantes, ofegantes, lancinantes, como disse o poeta.

Vinculação de texto escrito com discurso oral

Nos níveis pré-silábicos dá-se uma macro-interpretação da escrita, isto é, a iniciação às vinculações entre texto escrito e discurso oral. É a hora de descobrir que não só o desenho representa aspectos da realidade, mas a coisa escrita também, mesmo sem saber em detalhes como isso se faz. É portanto imperativo que não limitemos o ensino nestes níveis ao tratamento só de letras ou de palavras, mas estejam incluídos muitos textos, pois um texto tem um sentido histórico que palavras e letras isoladas não têm.

A leitura e a escrita de histórias, a partir de desenhos das próprias crianças, são atividades deste nível.

A leitura de histórias requer uma série de cuidados que vão desde a sua escolha até a sua aplicação em outras tarefas didáticas.

Na escolha das histórias entram dois critérios básicos: o seu conteúdo e a estrutura da narração.

Nesta faixa de idade, a determinação do momento de contar história e a acomodação dos alunos, que pode ser a de se sentarem bem próximos ao professor, são aspectos também relevantes, porque não se trata de ouvir simplesmente uma história, mas de explorá-la sob vários aspectos, inclusive encadeando-a em outras atividades didáticas. Dentre elas a sua dramatização, propiciando aos alunos que o conteúdo de histórias entre simbolicamente nos seus corpos.

Ao lado da forma de utilização didática de leitura de histórias, outro aspecto a considerar é a regularidade com que se deve contá-las, a fim de que haja um aproveitamento adequado dessa situação didática. Ouvir histórias pode ser, para algumas crianças, uma fuga da realidade, apassivando-se ou alienando-se no enfrentamento do real. Essas crianças precisam ser ajudadas para que as histórias possam ser um momento de elaboração de seu mundo interior e de liberação para se confrontarem melhor com a realidade.

A criação de histórias pelas crianças é uma modalidade rica para vincular texto escrito e discurso oral. A criação de histórias pode ser sugerida a partir de desenhos das crianças ou de uma de suas vivências relatadas em aula. Uma vez, por exemplo, deu-se uma grande tormenta na vila Santo Operário, onde tínhamos uma classe de alfabetização. Os alunos chegaram no dia seguinte à sede da Associação dos Moradores, onde funcionava nossa aula, ainda sob o impacto daquela experiência. Gravamos os depoimentos de cada aluno e depois os transcrevemos, mimeografando-os em várias meias-folhas de papel ofício, com as quais foi montado um livro intitulado "A Tormenta na vila Santo Operário". Cada aluno recebeu um livrinho, que foi lido e relido em aula, e muitos deles ilustraram cada página do livro com um desenho alusivo. Os textos do livro foram a base de muitas tarefas didáticas, tais como repassar a inicial de seu nome cada vez que ela aparecia no texto, ver quantas vezes a palavra tormenta estava escrita no livro, copiar frases no caderno etc.

Escrever e receber cartas constituem também experiências importantes nos níveis pré-silábicos, pois se servir de recursos gráficos para se comunicar com alguém à distância ajuda a compreender o significado da escrita como forma de transmitir sentimentos e notícias. Aproveitamos o maior número possível de situações para propiciar a troca de cartas, tais como:

- escrever a algum colega que vem faltando à aula;
- escrever a toda a classe, se o professor estiver distante dela;
- mandar recados aos pais etc.

A transcrição de cantos e brincadeiras e a subseqüente exploração didática desses textos são fonte de compreensão da vinculação escrita/discurso oral. Geralmente as crianças sabem de cor cantos ou dramatizam de memória brincadeiras infantis, como "mamãe, quero doce, papai não quer me dar". Escrever o conjunto de frases da brincadeira em aula e trabalhar o texto que lhes é familiar são um elemento de associação do escrito com o oral. Da mesma forma, podem ser usadas histórias infantis.

Elaborar textos com a contribuição dos alunos e explorá-los em aula são um recurso didático deste período. Pede-se aos alunos que repitam cada frase após a sua leitura. Pede-se depois que repitam o texto de cor. Vê-se que não se trata de uma verdadeira leitura, mas de uma memorização. No entanto, essa atividade serve para vincular idéias faladas e frases escritas. O texto deve ser escrito no quadro ou em cartazes, bem como policopiado para ser distribuído aos alunos. Pede-se então que cada aluno identifique e conte quantas vezes a letra da inicial do seu nome aparece no texto. Isto leva o aluno a dar-se conta de que um texto é composto de letras. Pedimos também que identifiquem palavras, que apresentamos à classe em tiras de papel.

Síntese das características
do nível pré-silábico 2

Em síntese, os níveis pré-silábicos se caracterizam pela caminhada em dois grandes trilhos paralelos: um deles é o do reconhecimento de que letras desempenham um papel na escrita, e o outro é o da compreensão ampla da vinculação do discurso oral com o texto escrito. A didática nos níveis pré-silábicos visa, entre outras coisas, que a criança distinga imagem de texto, letras de números, e que estabeleça as macrovinculações do que se pensa com o que se escreve, superando critérios característicos do pensamento intuitivo.

Nos níveis pré-silábicos, as categorias lingüísticas (letras, palavra, frase, texto) não são claramente definidas. Seus significados são amalgamados e, por isso, é necessário trabalhá-los todos simultaneamente, para que o aluno se familiarize com eles e comece a esboçar a sua distinção.

Uma criança, nos níveis pré-silábicos, não pode ser conduzida a análises silábicas, porque, sendo incapaz de compreendê-las, perde a lógica do ensino, julgando que na escola não se trata de compreender as lições, mas de adivinhar o que o professor quer ensinar. Isto poderá ser desastroso para o resto de sua vida escolar.

Fatos como os que se seguem ilustram bem o nível pré-silábico 2.

Adriana escreve seu nome e suspira dizendo:

"- Eu queria tanto escrever também o nome da outra Adriana aqui da aula!! Mas eu não sei como ele é".

Marcelo Rosa, um belo dia, protesta violentamente:

"- Professora, o Marcelo Aidos está escrevendo o meu nome, dizendo que é o nome dele!" (nessa época eles só escreviam o prenome).

Mateus, também indignado, diz que sua mãe faz algo horrível. Escreve o nome dela como o dele, mas ainda troca as letras de lugar. O nome da mãe dele é Telma.

Através dessas histórias vividas em nossa experiência, transparecem idéias típicas das concepções dos alunos do nível pré-silábico 2: a vinculação com a pronúncia não entra na conta da escrita; cada pessoa tem um nome diferente do da outra; a ordem e a qualidade das letras não são ainda fundamentais para que distingam uma palavra da outra; duas palavras podem ser pensadas como sendo a mesma, porque possuem certas letras iguais.

Esquema da Didática do Nível Pré-Silábico 2
(somente quanto à leitura e à escrita)

Palavras	– associação palavra x objeto (imagem)	
	– memorização global de palavras significativas	
	– análise da constituição das palavras quanto à sua inicial, sua letra final, número de letras, ordem das letras e natureza das letras	
Letras	– análise dos aspectos gráficos – topológicos, de forma, de posição – em dois tipos de letras, cujo objetivo é atingir a invariância de suas formas	
	– introdução dos aspectos sonoros através das iniciais de palavras significativas	
	– distinção entre letras e números	
Textos	– aspectos semânticos	vinculação discurso oral com texto escrito
		distinção entre imagem e escrita
	– aspectos gráficos	reconhecimento dos suportes diferentes de textos distintos
		reconhecimento das letras como constituintes do texto
		introdução à distribuição espacial do texto e da orientação das frases

As hipóteses do nível PS2 e algumas implicações didáticas*

Uma pessoa que já sabe que não se escreve com desenhos, isto é, que superou a idéia de que traços figurativos do ente que se quer representar por escrito são necessários, que já admite que se escreve com sinais gráficos, letras ou outros, mas que não faz nenhuma vinculação entre escrita e pronúncia, que vê a palavra escrita como um todo, sem segmentação, isto é, logo-graficamente, e que tem memória, se tiver oportunidades será capaz de associar muitas escritas de palavras ao seu significado, sem vinculação sonora com sua pronúncia. E é importantíssimo aproveitar esta capacidade do candidato à leitura e à escrita, ajudando-o a memorizar o maior número possível de palavras à sua forma escrita global. Veja-se bem, este aprendente se cinge ao domínio espacial da escrita, uma vez que ele não a vincula com a pronúncia. A escrita é, para ele, um puro grafismo, e cada palavra é uma totalidade. Dentro desta concepção, várias etapas são por ele percorridas. Desde a etapa em que a totalidade é completamente aleatória, ou seja, qualquer conjunto de letras pode ser uma palavra, ou o mesmo conjunto de letras pode ser várias palavras, portanto, inclusive, sem estabilidade de vínculo entre o que é escrito e o que se escreve. O conjunto de letras associado a uma palavra tem três atributos, a saber,

---

*(O texto que segue apareceu no Caderno de atividades publicado pelo Geempa intitulado "O Elefantinho no poço").

a quantidade, a qualidade e a ordem das letras. O entrelaçamento deles pode caracterizar diversos tipos de performances de um pensamento pré-silábico 2.

A idéia de que uma palavra é todo um conjunto de letras vai ser muito útil quando o alfabetizando se tornar alfabético e estiver segmentando a palavra por sílabas, momento em que ele corre o sério risco de perder-se nas partes, perdendo a própria palavra neste transcurso. Por isso, é extremamente útil viver o mais plenamente possível a hipótese do PS2 (pré-silábico 2), isto é, ser instado a reconhecer e a escrever palavras como uma totalidade. Para tal, voltamos a insistir, é muito proveitoso identificar palavras por inteiro. A fim de que ocorra esta identificação global de palavras, a escrita cursiva faz muito sentido, porque apresenta a palavra como uma só linha, sem cortes nem pedaços. Esta é uma das razões pelas quais a escrita deve ter, desde o começo da alfabetização, as duas apresentações, em letra cursiva e em letra de forma.

Inclusive, pode-se inferir disso que o perfil da palavra escrita em letra cursiva deve desempenhar um papel facilitador neste nível, como, por exemplo, em elefantinho

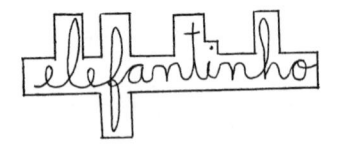

Também se explica que pessoas iletradas que só desenham seu nome o façam, via de regra, com letra cursiva e não de imprensa, esta última, sob certos aspectos, sendo mais simples. Com efeito, estas pessoas não fazem nenhuma segmentação sonora, mesmo que sejam até hábeis e rápidas na reprodução escrita do seu nome, existindo aqueles que, do ponto de vista da motricidade, se interromperem no meio a reprodução do traçado do seu nome, não saberão como prosseguir, evidenciando a presença de um esquema motor também global, associado a esta performance.

Os indivíduos, enquanto pré-silábicos 2, costumam também se apropriar da sua inicial, tomando-a como unicamente sua e este é um comportamento novamente globalizante e globalizador. A inicial pode passar esporadicamente a representar todo o seu nome, dada sua importância de localização privilegiada na sua escrita, tanto que na tarefa da Aula-entrevista sobre a leitura do próprio nome, é por causa deste esquema de pensamento que eles afirmam continuar escrito todo o nome, quando lhes é mostrada apenas a inicial.

Em função disso, eles podem ser capazes de se preocupar com as iniciais da palavra, mas não pelo seu valor sonoro, porém novamente por questões espaciais, ou seja, de lugar no traçado da palavra. Preocupar-se, no sentido de associá-las adequadamente a palavras, sobretudo a palavras que lhes sejam muito significativas. Lembro de uma criança que tinha um alfabeto completo associado a nomes de pessoas que lhe eram queridas, mas sem nenhuma associação letra/som. Por isso, na tarefa do conhecimento das letras, na Aula-entrevista, a associação de letras a palavras nem sempre quer dizer associação letra/som, e isto pode ser evidenciado na escolha de letras para formar uma palavra, na tarefa da escrita das quatro palavras e uma frase.

Isso explica também a inadequação da atividade de colocar objetos sobre letras do alfabeto para um pré-silábico 2. Quando ele sabe que "macaco" começa por "m", ele sobrepõe adequadamente o objeto de memória. Ele o faz, não porque pesquisa som, mas porque faz associações espaciais. Caso contrário, para ele não faz sentido a pesquisa sobre o valor sonoro da sílaba inicial da palavra, uma vez que ele não faz associação escrita x pronúncia, e a atividade carece de sentido para ele, podendo até lhe ser nefasta.

Para estes alunos, o jogo de sobrepor objetos nas letras do alfabeto, dispostas em regiões de uma cartolina, pode ser substituído com vantagem pelo tabuleiro-suporte, para os objetos com lugares caracterizados, não por letras, mas por palavras inteiras, desde que ele tenha à disposição um glossário-alfabetizador. O glossário-alfabetizador com figuras é um quadro de desenhos associados aos seus nomes, o qual funciona como um dicionário auxiliar para um certo contexto semântico de atividades didáticas, tal como o das palavras significativas do filme "Central do Brasil", após a atividade cultural de assisti-lo. A meta do uso do glossário-alfabetizador com figuras é a incitação à memorização de escritas de palavras que estão carregadas de sentido, naquele momento, para aquela turma de alunos. Será altamente desejável que, ao final de alguns dias de uso do glossário-alfabetizador com figuras, os alunos possam dispensá-lo, porque já o internalizaram e conseguem ler e até escrever aquelas palavras.

Para um aluno pré-silábico 2 é pleníssima de sentido a atividade do TESOURO de escritas, que consiste no armazenamento valorizado, se possível libidinizado, de escritas ortográficas significativas à turma ou aos alunos individualmente. Um bauzinho, ou mesmo um envelope, pode ser o continente do TESOURO da turma ou de cada aluno. Ler e copiar as escritas do TESOURO são atividades que se seguem à sua organização.

Identificar as iniciais das escritas do TESOURO e o número de letras em cada escrita são também atividades interessantes, na seqüência da tentativa da memorização de suas escritas, com vistas a constituir com elas um arsenal de referências para embasar reflexões a seu respeito.

Concluindo, o pré-silábico 2 vive no paraíso do espaço, na caminhada rumo à sua alfabetização. O som não está ainda associado às escritas. As atividades didáticas para ele têm que ser coerentes com seus esquemas de pensamento, ou para acolhê-los, ou para propiciar-lhes a ruptura. É, portanto, um momento favorável para a intensificação da aprendizagem do traçado de letras e de números, a análise de suas formas e de suas posições. Ele está centrado em aspectos ligados à forma, às dimensões, às cores, em suma, ao que é visível, prioritariamente. Há que se ter isto sempre em mente para propor-lhe provocações e analisar suas reações. Neste sentido, todas as atividades que podem derivar do glossário-alfabetizador com figuras são indicadas para os pré-silábicos 2, que exploram e estão interessados no âmbito espacial da escrita, portanto, na associação entre imagens visuais, particularmente as figurativas e as escritas.

Integrando didaticamente matemática, teatro, artes plásticas, educação física, dança, música e televisão

Níveis pré-silábicos e matemática

A didática dos níveis pré-silábicos, muito além de atividades exclusivas em linguagem, encerra atividades em outras disciplinas, começando pela matemática.

Já nos referimos às atividades de classificação, de seriação e de correspondências, que têm caráter nitidamente matemático, porque trata-se do estabelecimento de relações, e a "matemática é a ciência da lógica das relações". Portanto, faz-se matemática sempre que se estabelecerem relações de tipo lógico, mesmo que não se maneje com números ou outros elementos consagradamente tidos como entes matemáticos.

No entanto, há um lugar importante para a abordagem dos números na integração da matemática com a alfabetização. Iniciemos pelo que diz respeito ao seu papel de símbolo. Os numerais são, como as letras, formas de escrever. O numeral é um ideograma, isto é, ele representa enquanto símbolo uma idéia, sem necessidade de se articular a partir da pronúncia para expressar algo. O número 8 representa a quantidade oito, sem que o símbolo se articule à pronúncia da palavra. Aprender a distinguir, a reconhecer e a escrever os números, por serem diferentes das letras, é uma atividade enriquecedora da experiência da escrita. Por isso, já vale a pena trabalhá-los simultaneamente à alfabetização.

No entanto, há outro aspecto de vinculação, que é ainda mais profundo, entre o trabalho com números e a leitura e escrita. É que a construção do conceito de número cardinal só é alcançada, segundo Piaget, através da síntese das operações mentais de classificação, de seriação e de correspondência a partir do atributo quantidade entre elementos de conjuntos. Trata-se de uma síntese que tem algo em comum com a síntese que se deve fazer para reunir, no sistema de escrita, vários elementos inicialmente amalgamados, tais como: letras, sílabas, palavras, frases, textos, as ações de ler e de escrever e as diversas hipóteses construídas durante os níveis pré-silábicos, silábico e alfabético.

Tendo como objetivo inicial das aprendizagens matemáticas a introdução dos alunos nos domínios de alguns aspectos das estruturas do espaço, das estruturas numéricas, das estruturas aditivas e multiplicativas e das três relações fundamentais, a saber, equivalências, ordens e funções, serão úteis atividades, tais como:

— incluir, nos conjuntos de alfabetos postos à disposição dos alunos, algarismos de 0 a 9, e, assim como se deve encorajar as crianças a produzir palavras com as letras, deve-se proceder da mesma forma para que produzam números. Ainda mais, o professor deve ler tanto as pseudopalavras que eles produzem, isto é, seqüência de letras, como as seqüências de números. Nós o fazemos, por exemplo, para A M J E I O R X L, lendo ao aluno *aemejeiorxisele*. Certificamos a criança de que qualquer ordenação de letras pode produzir uma palavra, mesmo que ela não seja de nossa língua usual. Quanto aos números, não há nenhuma dificuldade para lê-los, pois quanto maior for a quantidade de algarismos que eles colocam em série, mais impressionante lhes parece a nossa leitura. Por exemplo, se uma criança ordena:

$$871109635$$

a nossa leitura do que ela produziu, ou seja, oitocentos e setenta e um milhões, cento e nove mil, seiscentos e trinta e cinco, deixa-a surpresa e orgulhosa. Muitas vezes, elas nos perguntam: "Puxa, fui eu que fiz este número?".

Trata-se de oportunizar que as crianças escrevam à vontade, tresloucadamente, palavras e números e que lhes demos guarida no mundo da leitura, isto é, que as leiamos aos alunos.

— Incentivar a contagem oral nas mais variadas circunstâncias.

— Fazer trabalhar a associação de conjuntos de objetos e seus números (entre eles está o conjunto das letras em palavras, assim como o das palavras numa frase).

Para tal, será ótimo propor jogos com o baralho de 0 a 12 com seus quatro subconjuntos, a saber: símbolos e nomes dos números, assim como duas apresentações dessas quantidades com bolinhas e com formas geométricas. Dentre os jogos cite-se o bate-bate, o rouba-monte, a paciência com todas as cartas. O mico, o lince, a memória, o quarteto e a escova são jogados com partes do baralho.

O dominó de números é interessante de ser usado para a abordagem dos seis primeiros números, assim como variados jogos com dados e bingos de números, os quais às vezes não podem passar de 20, ou nem mesmo chegar até lá, nestes níveis.

O uso do material de Cuisenaire é também de muitíssima utilidade como forma de propor problemas relativos aos números.

As relações de parte e todo, trabalhadas em quebra-cabeças, embora mais particularmente vinculadas aos níveis silábico e alfabético, já podem ser abordadas desde os níveis pré-silábicos porque, junto com elas, se propõe o exercício das rotações e translações, para poder acertar o lugar e a posição dos elementos do quebra-cabeças. Esse mesmo exercício pode ser proposto na formação de figuras com as peças do Tangram. O estudo de forma e de posição das partes de um quebra-cabeças pode ter a ver com o estudo da forma e da posição das letras.

A ação de repartir os elementos de um conjunto, tão familiar e necessária às crianças, mesmo fora da escola, tem um papel importante no contexto dos níveis pré-silábicos. Trata-se de considerar aqui partes de um todo, não mais contínuo como resultado da montagem de um quebra-cabeças, mas de um conjunto discreto, isto é, em que cada elemento é uma unidade espacial em si. Sabe-se hoje que a repartição de elementos de um conjunto é uma ação primitiva básica para a construção das operações aritméticas, considerada como uma ação mais primitiva do que a adição e a subtração, baseadas em ações de reunir ou retirar.

A idéia de símbolo, acentuadamente trabalhada nos numerais, é básica para a alfabetização. Ela não é, porém, vivenciada em matemática somente nas questões numéricas.

Lembramos que há muitas brincadeiras infantis que encerram nitidamente a noção de símbolo e que podem e devem ser feitas na aula ou no recreio, numa classe de 1º ano. Entre elas, citemos: rei x rainha; meu pai matou um porco, que parte tu queres?; diabo rengo; minha direita está desocupada, quem quer que ocupe?

Níveis pré-silábicos e teatro

Nesta linha de preocupações, as atividades de teatro, expressão ou jogos dramáticos têm lugar importante na nossa proposta didática. Sendo o centro dessas atividades "o faz-de-conta", ou seja, o representar um personagem, trata-se de uma prática muito útil para a vivência da idéia de símbolo. O que é escrito é um substituto de objetos, de ações, de sentimentos, de fatos, de qualidades, de circunstâncias etc., e precisa ser entendido como tal, isto é, necessita guardar a distância devida dos entes que representa para que possa ter estabilidade e funcionalidade.

Quando os alunos não dissociam letras de pessoas cujos nomes iniciam por elas, sucedem coisas como a seguinte: Janaína atira a letra S no chão, dizendo: "Não trabalho com ela, porque estou de mal com a Sandra". Isto é, S não é uma letra representativa de muitas palavras e independente delas; para Janaína, ela está acoplada a um significado particular.

O teatro, porém, leva muito além do manejo de símbolos. Ele tem qualidades organizativas da realidade como um todo, apoiado basicamente sobre a dimensão temporal, pois as dramatizações se vivenciam num tempo, guardando a distância que o sistema de fazer-de-conta (significantes) lhe assegura.

Reputamos que as atividades regulares de teatro numa classe de 1ª série poderão ter efeito positivo sobre a alfabetização, também por seus efeitos individualizantes sobre as crianças. Esse efeito individualizante se produz porque, quando alguém dramatiza ser outra pessoa, busca compreender esta outra pessoa; porém, é o inverso que se verifica — ele compreende melhor a si mesmo. A busca de individualização para esses alunos é meta importante da proposta, uma vez que eles fazem parte de uma classe social que o sistema procura marginalizar e massificar, dificultando-lhes a individuação.

As atividades de teatro são propostas a partir da seguinte sugestão do professor: "Hoje vamos fazer teatro!". Cada um escolhe o que quer fazer. O professor escreve no quadro o nome de cada aluno e, ao lado, o personagem que ele escolheu para representar. Roupas e sapatos, bem como bolsas, óculos, colares, etc., podem ser postos à disposição dos alunos para que os utilizem na atividade. As crianças formam subgrupos que trabalham simultaneamente cada um deles numa temática própria. Após a aula, que pode durar de 30 a 45 minutos, o professor solicita que os alunos relatem o que aconteceu nos diversos grupos. Uma vez por semana essa proposta é feita à classe. Pouco a pouco, os subgrupos começam a interagir seguindo a tendência de organizar momentos em que muitos ou todos os alunos participem de uma mesma temática. Em geral, são as situações familiares e os modelos propostos pela televisão os temas centrais dessas primeiras atividades de teatro. As temáticas que vão surgindo servem de sugestão ao professor para oferecer mais elementos de vestimenta e "cenário", tais como papelão ou tábuas para construção de paredes, caixas para o armário, balanças para o armazém, etc. Trata-se de propiciar um contexto favorável às atividades de dramatização, através das quais as crianças vão se organizando, ao mesmo tempo que organizam parte de sua compreensão da realidade. A eventual sugestão de uma temática, de um espaço ou de um episódio, para produzir uma ação dramática, pode também auxiliar as crianças a evoluir no desenvolvimento de sua expressão por este meio, sendo essa evolução o objetivo das atividades escolares de teatro.

Níveis pré-silábicos e artes plásticas

As atividades em artes plásticas desempenham função relevante nos níveis pré-silábicos. Em primeiro lugar, porque a criança, no nível pré-silábico 1, não distingue texto ou palavra de imagem. Nesse particular, ainda é mais acentuada a necessidade da prática de atividades de artes plásticas com alunos oriundos de classes populares, por não terem eles tido oportunidade de manusear (como as crianças de classes média e alta) livros, revistas etc., em que texto e imagem estão associados.

Por isso, nos níveis pré-silábicos, as atividades de artes plásticas devem centrar-se na prática regular do desenho e da pintura, ou seja, das representações sobre o plano. Mas não só. Nas nossas experimentações foram também importantes, neste nível, os trabalhos com costura e com madeira.

É conhecido que aprendizagens de expressão plástica são favorecidas pela sua prática regular, mas esta será tanto mais eficaz quanto mais o professor planejá-la, criando o contexto em que ela se realiza (técnicas, materiais específicos), a partir da caracterização da etapa em que se encontra cada aluno, a fim de propiciar seu progresso.

Os alunos de nossas classes experimentais costumam chegar ao 1º ano na fase da garatuja ou do pré-esquema. Parece-nos desejável que eles consigam todos chegar ao pré-esquema, vivenciando-o plenamente nos níveis pré-silábicos. Dizemos isto porque nesta fase a criança fecha a forma, isto é, consegue considerar uma parte do espaço como um elemento significativo. Esse fato nos inclina a formular a hipótese de que a escrita do seu próprio nome também poderá vir a ter para ela o sentido de uma representação. Por outro lado, o desenho assume melhor a dimensão representativa do que a garatuja, porque as crianças já pensam antes o que querem desenhar para depois executar o que pensaram. Na garatuja, é após terem produzido algo que elas associam algum significado.

O encaminhamento didático para oportunizar a passagem da garatuja ao pré-esquema prevê que se dê mais atenção aos que estão menos desenvolvidos; que se lhes enriqueça ao máximo as ofertas de material (tipos e tamanhos de papel, bem como lápis de cera, giz, carvão, caneta hidrocor etc.), e que se esteja atento às suas reações e manifestações para propor-lhes perguntas adequadas ou sugerir-lhes a troca ou a permanência de um material.

Pedir algumas vezes às crianças que contem a história do seu desenho pode ser útil na fase da garatuja, no sentido de fazê-las analisar em detalhes as suas produções.

O contato entre os alunos enquanto trabalham conduz a uma interação que propicia análises e reflexões sobre suas produções, de forma muito mais natural do que quando há intervenção de um adulto. Esse contato é facilitado pela organização dos alunos em pequenos grupos estáveis, a partir de uma eleição de líderes, dentro de uma técnica trabalhada e estudada pelo Geempa.

A costura e a construção com madeiras eram muito significativas para os alunos de 1982, em função das vivências de suas famílias recém-vindas para a vila Santo Operário, em fase intensa de construção de suas casas com madeira, e onde muitas mães de família costuravam para si, para seus filhos e para seus maridos.

Pareceu-nos oportuno vincular o trabalho em costura e madeira com a alfabetização, conversando com os alunos mais ou menos no tom que segue. "Quando costuramos, transformamos os retalhos com agulha e linha em bonecos, em roupas, em bolas, etc. O mesmo acontece com madeiras quando vocês constroem carros, móveis, revólveres etc. Com as letras a gente também pode construir coisas que são as palavras, os textos e os livros. Uma boneca ou uma bola são brinquedos com os quais vamos nos divertir. Um livro ou uma revistinha serão também distrações, formas de brincar."

Trata-se, também, de uma tentativa de aproximar a leitura e a escrita de suas possibilidades de transformação da realidade, a partir da criação de cada um, comparando-as com outras atividades criativas familiares às crianças.

É preciso estabelecer esses vínculos para que o desenho e as demais atividades de artes plásticas sejam um incentivo à alfabetização, evitando o risco de que possam ser um refúgio para alunos hábeis neste campo e que nele se alienem para fugir de eventuais dificuldades de assimilação do sistema de escrita.

Níveis pré-silábicos e educação física

A educação física, enquanto disciplina do corpo nas suas dimensões de equilíbrio, força, resistência e velocidade, tem como centro o movimento, tal qual a dança. Tem, porém, uma conotação específica, isto é, a instrumentação do corpo para o exercício diário de atividades como a marcha, a corrida e todas as outras exigências do fazer cotidiano, como levantar pesos e executar movimentos necessários ao conjunto de atividades que a rotina nos impõe. A educação física tem, contudo, uma função ainda mais específica, ou seja, a instrumentação da prática de esportes no aperfeiçoamento dessas *performances*.

Na educação física, a criança aprende a se servir do seu corpo, a fazer com ele coisas interessantes — como virar cambalhota, saltar e correr cada vez melhor, pôr seus movimentos a serviço de atividades dirigidas pelas regras de um jogo (futebol, caçador, vôlei). Conseguir fazer isso deve dar ao aluno confiança na sua capacidade de coordenar seu corpo na direção que seu desejo lhe indica.

Uma pessoa que tem essas funções corporais em forma pode ter melhores condições de desempenho cognitivo. Não há, entretanto, uma relação de causa e efeito entre ambas. É necessário algo especificamente integrador para que essas áreas se apóiem.

Na nossa prática, vivenciamos situações como a que descrevemos a seguir.

Em nossas duas primeiras experiências de alfabetização, realizadas na vila Santo Operário, dispúnhamos de três bicicletas que colocávamos à disposição dos alunos duas vezes por semana. Nenhum dos nossos alunos tinha tido oportunidade de andar de bicicleta e todos imaginavam que não havia mistério para consegui-lo — era só montar e sair. Na primeira vez em que experimentavam fazê-lo, recusavam qualquer ajuda para sustentar a bicicleta. E era aquela decepção diante do tombo, que se seguia de imediato. A convicção de que ia ser muito fácil se transformava no temor de que não conseguiriam jamais. Passaram a aceitar ajuda para segurar a bicicleta e, gradativamente, iam experimentando a possibilidade de equilíbrio e domínio. Quando finalmente conseguiam superar o impasse e logravam andar, a alegria era enorme. Aproveitávamos aquele momento de grande euforia para vincular a alfabetização com essa vitória. Essa vinculação foi sugerida por Valdocir, quando exclamou: "Eu achava quase impossível conseguir andar de bicicleta e consegui! Acho que vou também conseguir aprender a ler!".

No entanto, em classes populares, a educação física assume para o alfabetizador um interesse particular, em função de que esses alunos têm, via de regra, bom desempenho físico. Contrariamente ao que é insinuado ou sugerido na orientação aos professores dessa disciplina, isto é, de que essas crianças mal alimentadas não podem ser muito exigidas na educação física, nossa experiência nos fornece outros dados. Nossos alunos apresentam uma boa resistência nos exercícios físicos, além de apresentarem uma boa *performance* em equilíbrio, força e velocidade. Por tudo isso, pensamos que a educação física é uma via importante de acesso às potencialidades desses alunos, reforçando a sua autoconfiança, o que pode indiretamente vir em socorro da alfabetização, já que nessa área seu limiar de expectativas é baixo.

Porém, a educação física só poderá ajudar todos os alunos se eles forem vistos cada um individualmente no tocante às perspectivas de suas aprendizagens. Isto é, cada aluno tem que experimentar progressos em sua capacidade física. O professor deve ter conhecimento do processo de desenvolvimento e de formas concretas de avaliar os alunos, a fim de perseguir esse progresso individual. Com a bicicleta, ao menos um ponto da evolução é bem claro — conseguir usá-la. Esse ponto foi perseguido até que todos o tivessem atingido.

Acrescentemos que, em educação física, estão involucrados comportamentos que fazem apelo diretamente aos aspectos cognitivos, como, por exemplo, a compreensão de regras, especialmente em jogos complexos como futebol. É uma de nossas metas determinar a psicogênese da aprendizagem, em crianças de classes populares, das regras do futebol — esporte caracteristicamente nacional, tão a gosto dos brasileiros.

Outrossim, as atividades de jogos com competição em educação física levam as crianças a ter que enfrentar a perda. Esse enfrentamento acaba por elevar o seu limiar de frustração, o que é particularmente importante no processo de alfabetização. Este, com efeito, inclui necessariamente a capacidade de aceitar que uma hipótese carinhosamente elaborada não é válida, isto é, que é preciso abandoná-la para criar uma nova, o que exige a superação de uma frustração.

Dança e música nos níveis pré-silábicos

A dança é a síntese entre a forma e o movimento, realizada pelo corpo. Uma boa maneira de captar as formas que nos rodeiam é apropriar-se, pelo movimento, das formas do nosso próprio corpo. Alguém que imobiliza seu corpo, que o ignora como meio de conhecer e de se manifestar, perde uma via fecunda de enriquecimento pessoal. O mesmo se poderá dizer de quem não usa sua voz e seu corpo para dramatizar ou para cantar. Ignorar recursos, que são naturais e poderosos meios de comunicação, é bloquear vias ricas de captação e compreensão da realidade. Nesse sentido, o canto e a exploração da paisagem sonora, dos sons e dos ritmos são atividades corriqueiras em nossas experimentações.

A dança espontânea em forma de baile, ao som de músicas variadas como samba, rock e músicas regionais, bem como as danças folclóricas gauchescas, foram oportunizadas com freqüência em nossas salas de aula.

Essas atividades eram propostas com o objetivo precípuo de levar todos os alunos a se expressarem dessas formas, e não só os que já vinham de casa com essas *performances*.

Níveis pré-silábicos e televisão

A TV está presente em mais de 70% das casas nas vilas em que trabalhamos; televisão é uma das poucas formas de contato dessas crianças com a linguagem escrita, uma vez que livros, jornais, revistas, cartas etc. não têm uma presença marcante no seu cotidiano. A TV é, portanto, para esses alunos, um veículo quase inédito do mundo escrito, diante do qual eles passam quatro horas diárias, em média.

A alfabetização supõe, necessariamente, a reestruturação de uma linguagem através do código da escrita. Observa-se que o exercício sobre vários códigos que, no caso, caracterizam a linguagem da televisão — o das imagens móveis seqüenciadas, o sonoro, o escrito — constitui-se numa importante fonte de aprendizagem.

Goodman mostra que as "crianças desenham, escrevem e falam, indo e vindo entre variados sistemas de símbolos." (Ana Marta Meira, "Televisão", *Relatório da Pesquisa do Geempa sobre Alfabetização em Classes Populares,* 1983).

Esses três fatos nos levam a introduzir atividades envolvendo a televisão em nossa proposta didática. A elaboração de "filmes" de papel, a gravação de sons para esses filmes, a elaboração de mensagens através de *slides* (feitos pelos próprios alunos), a produção de noticiários, as atividades de leitura e escrita sobre o que se passa na tela da TV ou nela aparece escrito, as conversas sobre os programas de TV foram algumas ocasiões em que a criança se viu desafiada a abandonar o lugar de espectadora passiva e assumir uma postura de presença mais ativa e até crítica, face à TV.

Contudo, as coisas escritas que aparecem na TV e que poderiam ser fonte de reflexão, para o desenvolvimento da psicogênese da alfabetização, seguem o mesmo ritmo veloz de todo o texto televisivo, tornando-o efêmero. Para que certas crianças possam aproveitar as coisas escritas que aparecem no vídeo, é necessário um trabalho de reeducação do sujeito que vê a televisão, no sentido de fazê-lo menos passivo e mais atento.

O conhecimento do funcionamento da TV, de como se organizam e se levam ao ar os programas, de como se fazem os filmes etc. são formas de modificar a postura dos sujeitos diante do aparelho de TV, desmitificando esse meio de comunicação. Lembramos que essa mitificação tem conotações ainda mais específicas em classes populares, como revela a história que se segue.

Participei uma vez de um programa de televisão sobre nosso trabalho de pesquisa. Como 75% das famílias de vila possuem aparelhos de TV, algumas crianças me viram no vídeo. No dia seguinte, quando nos encontramos na aula, uma das meninas, entusiasmada, me disse:

"- Ontem eu vi uma mulher igualzinha a tu na televisão".

Eu lhe perguntei:

"- Será que não era eu?".

Mas ela me contestou com segurança:

"- Não, porque gente como nós não aparece na televisão".

Sugestões de atividades – fichas e materiais didáticos

Introdução

Os modelos de materiais e de fichas didáticas que seguem foram experimentados pelo Geempa em classes de 1ª série de vilas de periferia de Porto Alegre, em pesquisa científica iniciada em 1979. As atividades que eles encerram se destinam especialmente a alunos que estão no estágio mais avançado dos níveis pré-silábicos. Isto é, são atividades para alunos que já venceram os primeiros passos destes níveis. Estes primeiros passos são caracterizados pelas concepções mais primitivas sobre o que é ler e escrever. Por exemplo, a de que se lêem imagens contíguas a um texto; a de que as letras não são concebidas como formas ao menos semelhantes às das letras convencionais; a de que os aspectos sonoros da pronúncia não são levados em conta de nenhuma forma ao se considerar a escrita.

Para este estágio elementar, várias atividades didáticas devem ser propostas, previamente às que seguem, sendo central a oportunização da observação de atos de leitura e de escrita, bem como do contato com muitos materiais escritos.

Neste sentido, os alunos devem ter espaço didático para realizar pseudo-escrita, inspirados pela observação destes atos realizados por adultos, muito especialmente pelo professor. É uma etapa em que o aluno necessita ouvir muita leitura feita pelo professor e necessita vê-lo escrever bastante. A leitura e a escrita do professor serão tanto mais eficazes quanto mais significativo para o aluno for o seu conteúdo. O professor deve ler textos com e sem imagem. Ao ler para os alunos, o professor pode perguntar onde ele está lendo — se nas imagens ou nas letras —, onde ele começa a leitura — em que lugar da página. Deve mesmo informar algumas vezes aos alunos que ele começa à esquerda e no alto de cada página e ainda que se lê a página da esquerda antes da página da direita. A leitura de variados tipos de textos, tais como livros de histórias, cartas, jornais, rótulos de produtos comerciais, anúncios de televisão, placas de rua etc. será muito útil à criança na construção da sua idéia sobre o que se lê. Isto a impedirá de pensar a leitura só em textos escolares e lhe possibilitará distinguir suportes diferentes a textos diferentes, como sucede na vida corrente.

É também importante que seja propiciada, neste estágio inicial dos níveis pré-silábicos, a distinção entre letras e números. Esta distinção será tanto mais facilitada quanto mais avançar a criança na conquista da conservação da quantidade discreta e não somente na mera utilização de numerais (representação dos números), o que vincula estreitamente alfabetização e matemática.

A conservação da quantidade discreta é, segundo Piaget, a apreensão estável da idéia de quantidade como uma propriedade de conjuntos.

Para crianças não conservadoras da quantidade discreta, há mais fichas no segundo desenho do que no primeiro, somente porque nele elas estão mais espalhadas.

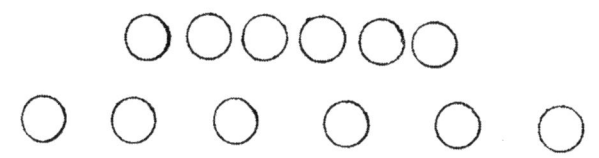

A leitura de texto sem imagem tem por objetivo provocar o conflito para este sujeito que não acredita ser possível leitura quando só há letras. Ilustra esta concepção o que aconteceu com o filho (4 anos) de Izaura, aluna da 2ª turma do Curso do Geempa sobre Alfabetização em Classes Populares (em nível de pós-graduação). Izaura e seu marido preparavam seu jogo na loto, interpretando fatos distintos do horóscopo do jornal *Zero Hora,* correspondente ao signo de cada pessoa da família. O filho assistia à cena quando perguntou à mãe: "Mas onde tu estás lendo?". A mãe lhe mostrou uma região do jornal só com letras. O filho retrucou: "Mas aí é impossível ler! Tu tens que olhar também para estes desenhos!" (material jornalístico comercial onde havia fotografias de móveis e de outros produtos).

Esquema básico do nível pré-silábico 2

Palavras	• associação palavra x objeto • memorização global de palavras • análise de letras nas palavras	

Letras	• aspectos gráficos em dois tipos de letras	• maiúscula de imprensa e cursiva
	• aspectos sonoros através de iniciais de palavras significativas	
	• distinção entre letras e números	

Textos	• aspectos semânticos	• discurso oral x texto escrito • imagem-escrita • suportes de texto
	• aspectos gráficos	• de letras e de palavras • distribuição espacial dos textos

Propostas de atividades

1. Atividades com o nome próprio

Crachás

Aqui, vê-se o modelo do crachá de um aluno, o Valdocir, no verso e no reverso. Os crachás contendo a palavra geradora por excelência para cada aluno — o seu nome — podem ser utilizados em muitas atividades didáticas, como aparecem descritos em *Aprendizagem em classes populares* (1982), na unidade sobre o nome próprio dos alunos.

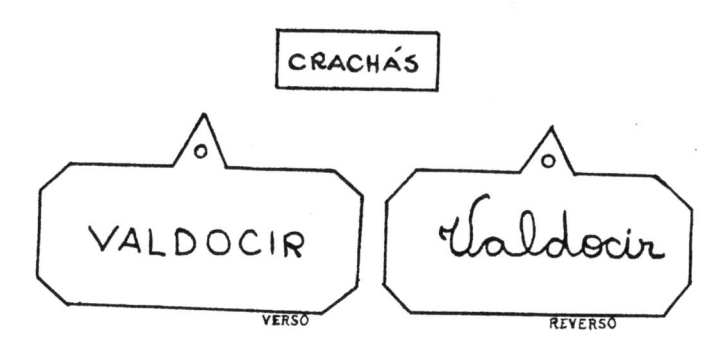

Desde o início do ano letivo cada aluno ganha o seu crachá. Cada dia há um jeito diferente de distribuí-los.

Bingo de Letras

Com o nome dos alunos, pode-se fazer o Bingo de Letras, como vemos ilustrado a seguir. O cartão de bingo de cada aluno é seu próprio nome. O professor canta as letras do alfabeto, retirando-as de um saco. É importante, após a enunciação do nome de cada letra, que o professor mostre a letra retirada do saco. Os alunos colocam um ou mais feijões em seu cartão se a letra cantada e mostrada figura no seu nome, uma ou mais vezes.

Bingo de Palavras

Também com os nomes dos alunos se faz um Bingo de Palavras, conforme modelo abaixo, em que os cartões de cada aluno contêm vários nomes, e o que é cantado pelo professor, retirando de um saco, são nomes completos em vez de letras, como no bingo descrito acima.

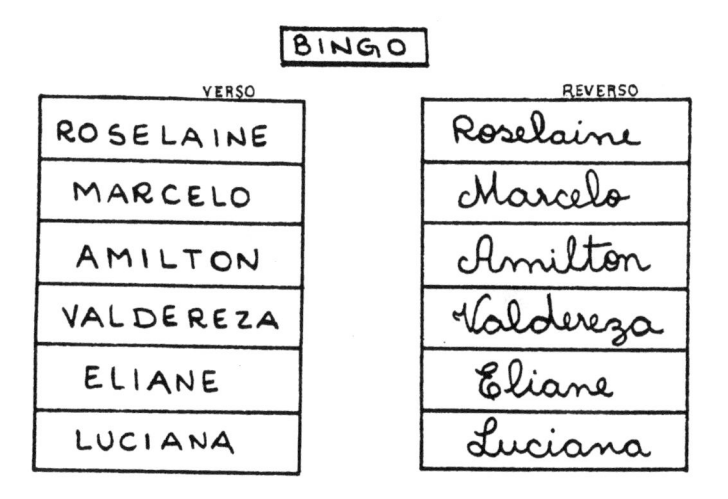

Cada aluno ganha um cartão com seis nomes de colegas. Cada cartão deve ser diferente do outro.

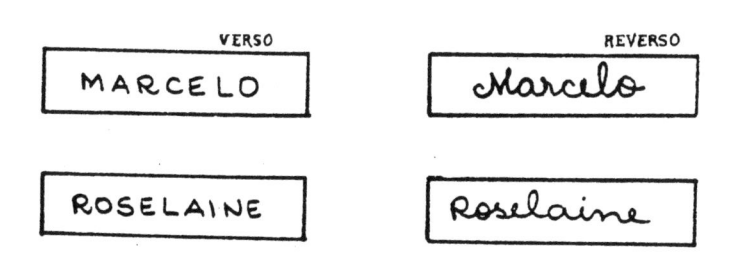

Os cartões com o nome de cada aluno ficam num saco para serem tirados e "cantados". Quem tiver o nome no seu cartão, marca com um palito.

Quebra-cabeça com nomes

Podem ser construídos quebra-cabeças com nomes dos alunos, como indicado a seguir. Podem também ser feitos quebra-cabeças somente da letra inicial de cada aluno ou com numerais.

Várias apresentações do mesmo nome

Conforme o modelo a seguir, constroem-se outros tantos cartões para cada nome de um mesmo grupo de trabalho. Todos os cartões são distribuídos sobre a mesa do grupo e cada aluno deve encontrar todos os cartões com o seu nome, para colá-los em seu caderno.

Correspondência entre o mesmo nome em letras, tamanhos ou posições diferentes

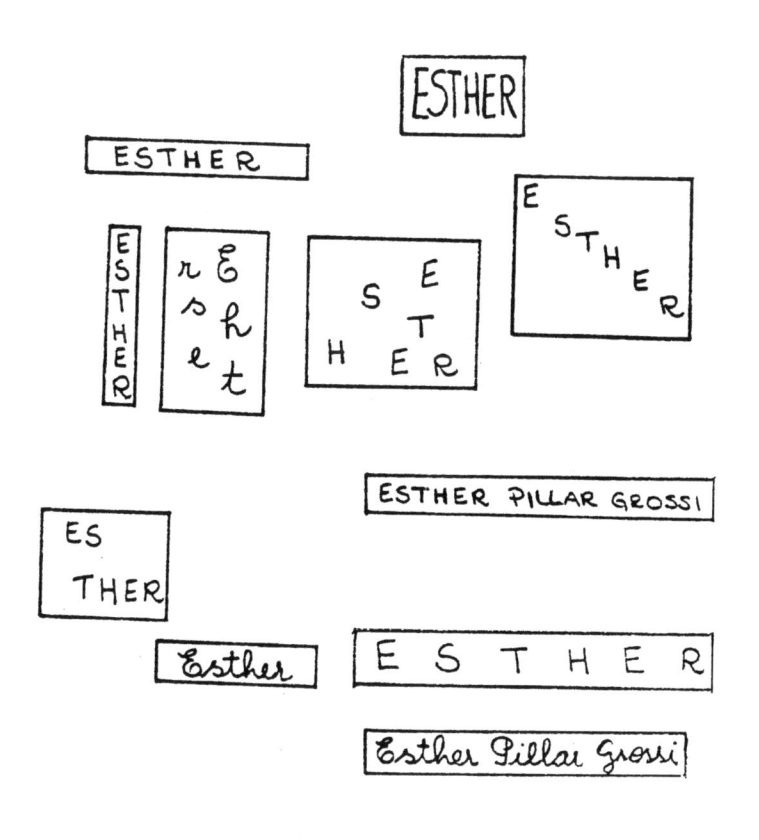

2. Produção e apresentação de textos significativos para cada classe.

O texto abaixo é bem do cotidiano da sala de aula e foi apresentado num dia em que seria servido suco de uva e pipoca na merenda. Este texto foi apresentado num cartaz. Para trabalhar o texto, o professor o lê todo (se nenhum aluno ainda está alfabetizado) com entonação adequada. Solicita, depois, que toda a classe repita cada frase após a sua leitura e volta a ler todas as frases em seqüência. Pergunta, mostrando o título, quem já sabe o que está escrito ali. Pode seguir fazendo a mesma pergunta apontando outras frases e interroga se alguém já é capaz de "ler" todo o texto. Evidentemente, para os alunos não alfabetizados, não se trata de verdadeira leitura, mas de memorização do texto. Após a exploração do texto no cartaz grande, ele é distribuído aos alunos, policopiado. Isto pode ocorrer no dia seguinte ao da apresentação do cartaz do texto, que permanece na parede da sala de aula por vários dias. Esta permanência deve vigorar enquanto o texto desperta interesse e pode continuar a ser explorado didaticamente.

HORA DA MERENDA

PIPOCA

ESTÁ NA HORA DA MERENDA.

HOJE TEMOS PIPOCA E SUCO DE UVA.

CADA UM OFERECE A MERENDA PARA UM COLEGA.

COMO É BOA A HORA DA MERENDA!

COPIA DENTRO DE CADA SAQUINHO UMA PALAVRA DO TEXTO.

O texto individual é explorado de várias maneiras, dependendo do nível em que se encontre cada aluno. Aos présilábicos pode ser pedido inicialmente que repassem, com lápis colorido, cada vez que aparece a inicial do seu nome — a sua letra. Pode-se mostrar palavras do texto escritas em cartões de dimensões visíveis para todos os alunos, para que eles as localizem em sua folha xerocada, circundando-as ou sublinhando-as.

Pode-se pedir que assinalem os espaços existentes no texto. Trata-se dos espaços entre uma palavra e outra. Procura-se com isso enfatizar a existência desses espaços nem sempre visualizados pelos alunos, por diversas razões de ordem psicológica. Pode-se também pedir-lhes que escrevam nos desenhos de saquinhos de pipoca, embaixo do texto, palavras do próprio texto. É mais uma atividade que visa trabalhar o fato de que um texto é constituído de palavras, isto é, de todas as palavras que pronunciamos ao lê-lo.

A cópia de partes do texto, sobretudo como lição de casa, é uma atividade possível de ser solicitada aos alunos. Costumamos propor-lhes que copiem, no seu caderno, os pedaços de que mais gostaram. Trata-se de uma cópia que tem significado e não somente um exercício mecânico, porque o texto, tendo sido trabalhado, adquire valor simbólico e prático para os alunos na sua caminhada para a alfabetização.

Com alunos silábicos, ou em conflito de passagem do silábico para alfabético, ou no nível alfabético, o tratamento de um texto como esse é bem outro, evidentemente.

Seguem mais dois modelos de textos utilizados numa das classes experimentais do Geempa: o desenho com história da Valdereza e o da brincadeira infantil "mamãe quero doce" com ilustração de Antônio. Logo após os textos, existem fichas vinculadas à da história da Valdereza, que surgiu da atividade de desenho em artes plásticas, o que propomos regularmente (quase todos os dias), sobretudo no início do ano. Sempre que possível, a professora conversa com os alunos sobre os desenhos que eles fazem. A partir do seu desenho, Valdereza contou a história abaixo. A professora tomou notas enquanto ela falava e com ela confeccionou a ficha de trabalho em questão. Um cartaz grande também foi confeccionado com a mesma ficha e colocado no quadro da aula. Com ele, foram realizadas atividades de leitura de texto, reconhecimento de letras e palavras, como o que já foi referido a propósito no texto da merenda. Um outro cartaz, com o mesmo texto escrito em letra cursiva, foi apresentado também aos alunos, explicando-lhes que se tratava da mesma história, só que escrita com letra emendada.

ERA UMA VEZ UMA CASA GRANDE.

EXISTIA UMA ÁRVORE E TINHA UMA GURIA. ELA SE ASSUSTOU DA ÁRVORE E JEÍO O GURI E CHAMOU ELA.

ELA PROCUROU O GURI, A GURIA VIU QUE ERA A ÁRVORE QUE TINHA CHAMADO ELA.

MAS A GURIA CHOROU E CHAMOU A MÃE E DEPOIS VIU QUE A CASA TAVA CHORANDO.

Era uma vez uma ca-
sa grande.
Existia uma árvore e
tinha uma guria. Ela se assustou
da árvore e veio o guri e cha-
mou ela.
Ela procurou o guri, a
guria viu que era a árvore que
tinha chamado ela.
Mas a guria chorou e cha-
mou a mãe e depois viu que a
casa tava chorando.

Na ficha "copia cada palavra" e "liga cada desenho ao seu nome" foram utilizadas as três figuras do desenho, associando-as aos seus nomes escritos. Após pedir aos alunos que ligassem imagem e palavra, solicitou-se que eles contassem o número de letras em cada palavra e anotassem este número dentro dos parênteses.

No contexto desta atividade, pediu-se também aos alunos que encontrassem palavras que começassem como casa, como árvore e como guria. Também fizemos o jogo da reordenação oral de sílabas, propondo-lhes a descoberta de palavras baralhadas pela professora. Por exemplo: re-vo-ar (árvore), a-ri-gu (guria), sa-ca (casa).

Incluíram-se a seguir outras palavras neste jogo de baralhar sílabas, entre elas os nomes dos alunos, como cir-do-val (Val-docir) etc.

Como lição de casa, pediu-se aos alunos que desenhassem coisas cujos nomes começassem como a palavra "casa".

DESENHA OUTRAS COISAS QUE TENHAM NOMES
QUE COMECEM QUE NEM A PALAVRA CASA:

Consta também outra atividade chamada "Liga os desenhos das coisas que tem nomes que começam que nem árvore",
sobre objetos cujos nomes começam do mesmo jeito, inclusive
podendo ser associados ou não os desenhos aos seus nomes.

LIGA OS DESENHOS DAS COISAS QUE TEM NOMES
QUE COMEÇAM QUE NEM ÁRVORE:

- ARMÁRIO
- ARGOLA
- POMBA
- ARMA
- ÁRVORE

A lição de casa

A lição de casa, se adequada, pode prolongar a aula. Cada aluno vai trabalhar no contexto da sua casa, diferente do da sala de aula. Via de regra vai trabalhar sozinho, o que aliás é desejável. Não pensamos que seja necessário contar com familiares da criança para que ela faça seus deveres. Os pais podem se associar à professora na aventura que é a alfabetização, na qualidade de pais e não de pedagogos auxiliares. Podemos mostrar-lhes o quanto eles participam por dentro do processo de apropriação da leitura e da escrita de modo muito especial, ou seja, na posição de pais de cada criança.

Brincadeira infantil

MAMÃE QUERO DOCE
PAPAI NÃO QUER ME DAR

- CADÊ O DOCE QUE ESTAVA AQUI?
- ESTÁ MAIS EM CIMA.

- CADÊ O DOCE QUE ESTAVA AQUI?
- ESTÁ MAIS EM CIMA.

- ESTÁ MUITO ALTO. EU NÃO POSSO ALCANÇAR.
- POR QUÊ NÃO SOBE NUMA CADEIRINHA DE VIDRO?
- E SE EU CAIR?

- BEM FEITO ! ! !

O aluno Antônio reproduziu o diálogo de uma brincadeira infantil que havia sido feita em vários recreios, pelas próprias crianças. O texto foi então apresentado aos alunos, que o ilustraram como Antônio.

Com este texto, visa-se possibilitar aos alunos a vinculação de um discurso oral conhecido de antemão, com a sua representação escrita. Não se trata, para alunos no nível pré-silábico 2, de uma associação de fonema e grafema, mas de uma macrocorrespondência do sentido global de fala com escrita, que satisfaz muito aos alunos, que se crêem leitores antes mesmo de o serem tecnicamente falando.

Todos os textos costumam ser apresentados também em letra cursiva num cartaz colocado ao lado do que é apresentado em letras maiúsculas de imprensa.

Dois tipos de letras

A apresentação simultânea de dois tipos de letras se justifica porque o manejo de duas representações para uma mesma realidade, ao invés de dificultar a compreensão desta realidade é, ao contrário, um recurso útil para o pensamento. O nome e apelido, sinônimos, palavra oral e escrita... são duas representações para uma só coisa.

As letras maiúsculas de imprensa e a cursiva são usadas na proposta do Geempa, por serem as mais familiares às crianças nas quais trabalhamos.

---

3. *Baralhos*

A seguir, aparecem exemplares de cartas de dois baralhos. O primeiro é constituído dos pares dos nomes e de suas iniciais e o segundo de substantivos concretos com suas imagens correspondentes. Nessa folha aparecem somente os modelos de dois pares, porém muitos outros devem ser feitos, como nos baralhos comuns desses jogos (memória e mico) para crianças dessa idade. No baralho com os nomes podem aparecer todos os nomes dos colegas de aula.

As regras para utilizá-los equivalem às convencionais para os jogos de memória ou mico-preto.

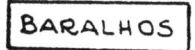

 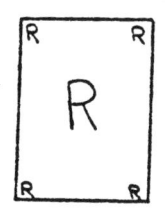 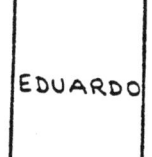 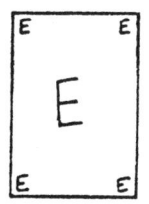

Com estes baralhos pode-se jogar memória e mico. Uma das cartas não forma par e é o mico.

O jogo como atividade didática

O jogo em sala de aula apresenta importante contribuição à aprendizagem. O jogo de competição põe em ação considerável soma de energias que dificilmente poderiam ser mobilizadas com uma tarefa escolar do tipo convencional. Enfatizamos, portanto, que jogar não significa uma atividade sem esforço — muito ao contrário. Por outro lado, o jogo implica a superação da frustração de perda, porque necessariamente alguém perde. A capacidade de superar frustrações é uma exigência inerente à aprendizagem verdadeira, que compreende no seu bojo o reconhecimento de erros. Os erros se infiltram em toda a construção do saber, no sentido de que conhecimento e ignorância vêm sempre juntos.

4. *Leitura de histórias*

A leitura de histórias é uma parte importante da didática dos níveis pré-silábicos, porque proporciona o estabelecimento da macrocorrespondência de uma fala com uma escrita, num contexto com significado rico e amplo.

Ela ajuda a conferir sentido à escrita, impedindo uma aprendizagem mecânica baseada na mera codificação e decodificação de letras.

No entanto, a leitura de livros de história requer uma rigorosa seleção, do ponto de vista dos temas tratados, da complexidade da estrutura da narração, do vocabulário utilizado, dos personagens, etc.

DINOMIR

O GIGANTE

Traduzido e adaptado da versão francesa. (*Dinomir le Géant*), de E. Plocki

DINOMIR TEM UM AMIGUINHO.

O MENINO CONVIDA DINOMIR PARA PASSEAR DE ÔNIBUS.

DINOMIR ACHA QUE A IDÉIA É BOA.

LÁ SE VÃO OS DOIS PARA A PARADA DO ÔNIBUS.

DINOMIR PEGA O MENINO NO COLO.

FICA MELHOR PORQUE FICA MAIS ALTO

O MENINO PODE VER OS CARROS E O RIO.

DINOMIR VAI PASSEAR DE ÔNIBUS.

O ÔNIBUS DÁ UMA TRAVADA.
TEM UM CACHORRÃO PARADO NO MEIO DA RUA.

TODO MUNDO TENTA EMPURRAR O CA-
CHORRO. MAS ELE ESTÁ EMPACADO E TEIMO-
SO. NINGUÉM CONSEGUE TIRAR O CACHORRO DO
MEIO DA RUA.

QUANDO O GIGANTE APARECE
O CACHORRO SE MANDA. ELE FICOU COM
MEDO PORQUE DINOMIR É UM GIGANTE.

TODOS SENTARAM DE NOVO NO ÔNIBUS.

DINOMIR E O MENINO CONTINUAM SEU PASSEIO.

5. Máquina — uma concretização da idéia de transformação

A seguir, apresentamos um desenho de uma caixa utilizada como máquina na sala de aula. Conversamos inicialmente com os alunos sobre o que fazem as máquinas, enfatizando seu papel de transformadoras, isto é, que as coisas entram nelas de um jeito e saem de outro. Recordamos com eles a função das máquinas que eles conhecem, como a de costurar, a geladeira, o liquidificador etc.

Estão indicados abaixo da máquina três tipos de transformações possíveis:

a. entrar palavras e sair o número de suas letras;

b. a partir da palavra Geempa, entrar uma de suas letras e sair a que lhe vem imediatamente depois;

c. entrar um desenho e sair a palavra que o designa.

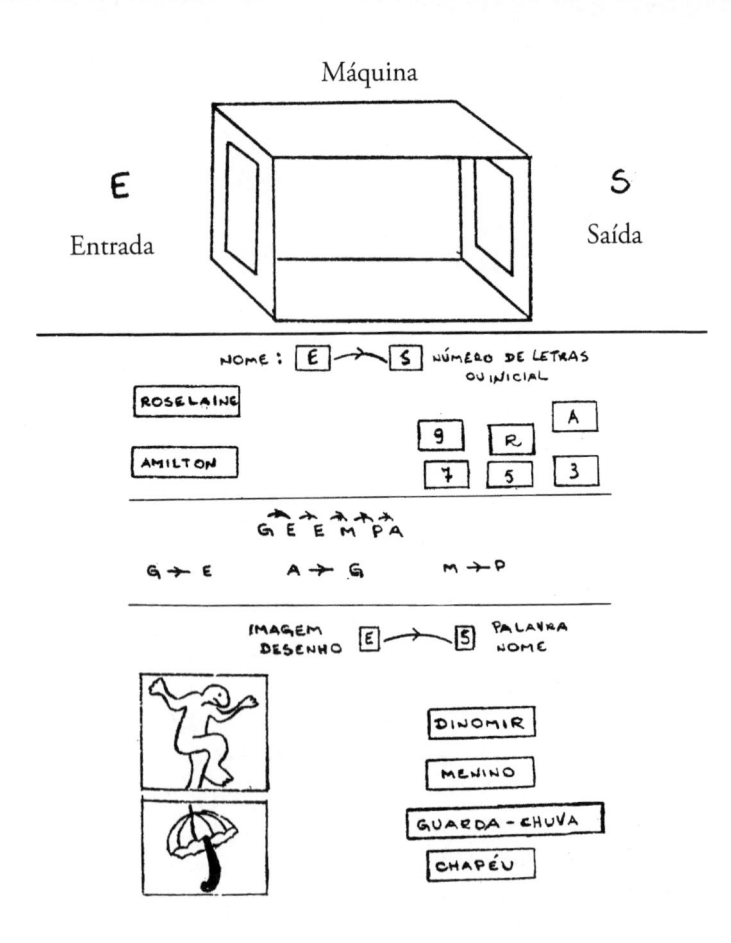

Máquina

E
Entrada

S
Saída

NOME : [E] → [S] NÚMERO DE LETRAS OU INICIAL

ROSELAINE

AMILTON

[9] [R] [A]

[7] [5] [3]

G E E M P A

G → E   A → G   M → P

IMAGEM DESENHO [E] → [S] PALAVRA NOME

DINOMIR

MENINO

GUARDA - CHUVA

CHAPÉU

6. Diversificação das atividades

Embora estejamos tratando de atividades para os níveis pré-silábicos, é necessário ressaltar que o trabalho normal numa classe de alunos costuma produzir níveis diferentes na aquisição da leitura e da escrita, o que vai exigir uma diversificação de certas atividades em sala de aula e da lição de casa.

A partir do livro *Dinomir — o Gigante,* foram criadas três fichas com níveis ascendentes de complexidade.

Quebra-cabeça

Relação parte/todo.

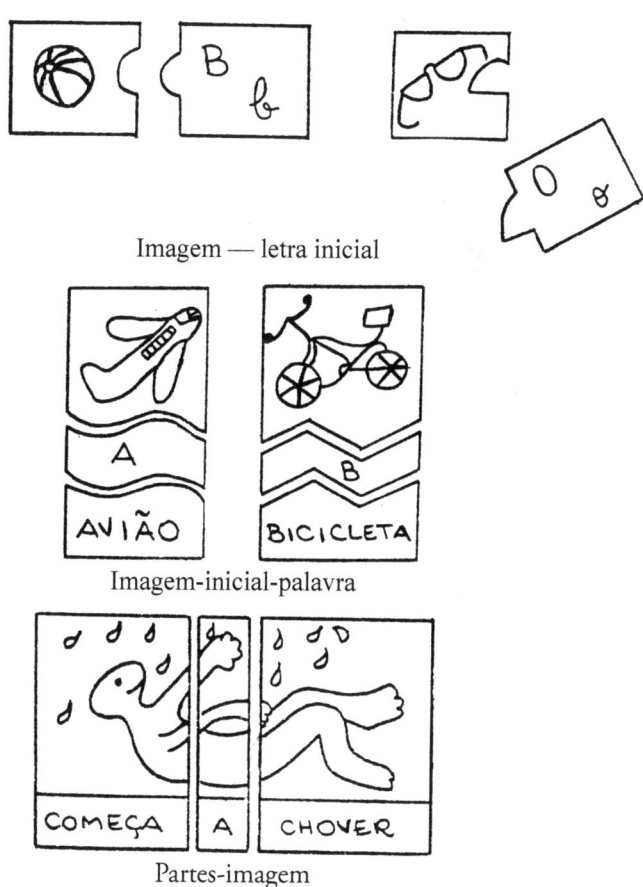

Imagem — letra inicial

Imagem-inicial-palavra

Partes-imagem
Palavras-frase

A seguir, concentramos atividades que visam enfatizar a ordem das letras numa palavra, o número de letras e/ou a inicial de palavras cujo nível de complexidade se ajusta aos níveis présilábicos. Pede-se também a cópia de uma frase inteira.

As duas séries intituladas "Descobre o segredo e continua" visam ajudar os alunos a distinguir a posição de certos traçados (números ou letras) com duas rotações diferentes, a saber:

180° para o 6, o que o transforma no 9

90° para o N, o que o transforma no Z.

COMPLETA AS LETRAS QUE FALTAM:

DINOMIR   GIGANTE   MENINO
D_NOM_R   _I_ANTE   ME_I_O

LIGA A PALAVRA AO NÚMERO DE LETRAS.

LIGA A PALAVRA A SUA INICIAL.

DINOMIR   • R
ÔNIBUS   • O
GIGANTE   • G
MENINO   • D
CACHORRÃO   • C
                 • M

COPIA A FRASE E COLOCA NO PARÊNTESES O NÚMERO DE LETRAS.

O GIGANTE DINOMIR TEM UM AMIGUINHO. ( )

DESCOBRE O SEGREDO E CONTINUA:

| 6 9 6 9 |

| N Z N Z |

A próxima ficha se destina a alunos que já tenham atingido um domínio maior de certos aspectos da leitura e da escrita. Por exemplo, que sejam capazes de distinguir uma palavra de outra numa frase, que já associem palavras do livro ao seu significado e que reconheçam a correspondência da leitura cursiva à de jornal.

1. COMPLETA AS FRASES:

O GIGANTE TINHA UM AMIGUINHO.
O _____ TINHA _____ AMIGUINHO.

O MENINO QUERIA PASSEAR DE ÔNIBUS.
MENINO _____ PASSEAR ___ ÔNIBUS.

2. QUANTAS PALAVRAS TÊM NA PÁGINA 4 DO LIVRO DO DINOMIR O GIGANTE? _____

3. LIGA AS PALAVRAS AOS DESENHOS:

LIVRO

DINOMIR

ÔNIBUS

CACHORRÃO

RUA

4. ESCREVE AS PALAVRAS QUE SEGUEM EM LETRA DE IMPRENSA.

Dinomir   ônibus   cachorrão   rua
_____   _____   _____   _____

A próxima ficha se destina a alunos no nível alfabético capazes de manipular sílabas e interpretar perguntas, escrevendo suas respostas.

1. OS PEDACINHOS FORAM TODOS TROCADOS, ESCREVE AS PALAVRAS DO JEITO CERTO:

NO- DI-MIR   BUS-Ô-NI   NI-NO-ME

_____   _____   _____

2. ACHA A PÁGINA 3 E COMPLETA AS PALAVRAS QUE FALTAM:

DINOMIR _____ O MENINO NO _____

FICA _____ PORQUE _____ MAIS ALTO.

3. OLHA A PÁGINA 4. ARRUMA A FRASE PORQUE ELA ESTÁ COM AS PALAVRAS TROCADAS.

        UMA TRAVADA O ÔNIBUS DÁ.

_____

4. QUEM CONSEGUE TIRAR O CACHORRÃO DO MEIO DA RUA?

_____

5. POR QUÊ O CACHORRÃO FICOU COM MEDO DO DINOMIR?

_____

_____

6. COMPLETA AS FAMÍLIAS:

___ ___ DI ___ ___

___ ___ ___ NO ___

___ ___ MIR ___ ___

7. DESCOBRE PALAVRAS COM PEDACINHOS DAS FAMÍLIAS ACIMA.

7. *Análise de palavras*

Nos níveis pré-silábicos, as análises possíveis de palavras devem girar em torno da letra inicial, do número de letras, da sua ordem, da letra final, do tipo de grafemas que aparecem ou da forma das letras.

Abaixo, sugestões sobre alguns destes aspectos, a saber, a inicial e a ordem das letras.

Ficha didática sobre a análise de palavras quanto à letra inicial.

LIGA A LETRA DA DIREITA OS NOMES QUE COMEÇAM COM V.

VALDEREZA ·

AMILTON ·

VALDOCIR ·

LUCIANE ·

MARCELO ·

VALDOMIRO ·

· V

LIGA CADA NOME COM SUA INICIAL

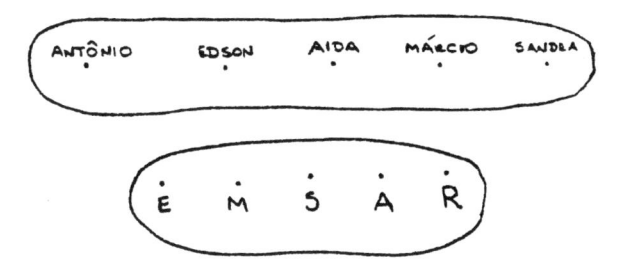

ANTÔNIO   EDSON   AIDA   MÁRCIO   SANDRA

É   M   S   A   R

	L	R	V
ROSELY		X	
LUIZ			
EDSON			
VALDOIR			
ROSELAINE			
VALDEREZA			

CONTINUA FAZENDO X
PARA OS OUTROS NOMES
SE DER.

ESCREVE CADA NOME NO CONJUNTO DA SUA
INICIAL.

ERONI   FRANCINETE   ESTHER   MÁRCIA   FELIPE

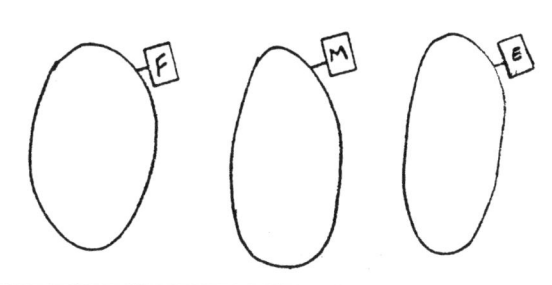

F   M   E

Ficha didática sobre a análise de palavras quanto à ordem das letras.

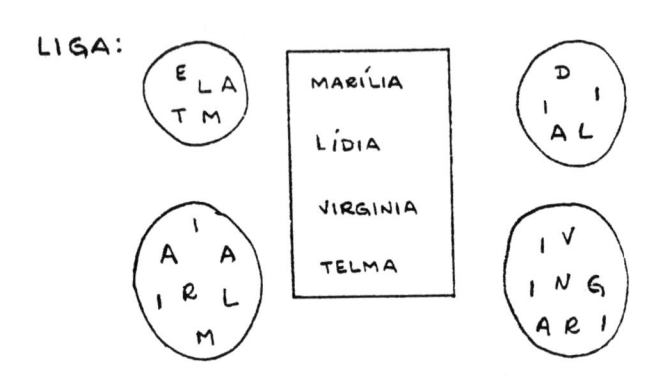

LIGA:

MARÍLIA

LÍDIA

VIRGINIA

TELMA

DESCOBRE AS TROCAS DE LETRAS E ESCREVE CORRETO EMBAIXO.

AIDIL

VIGRINIA

TALME

MALIRIA

Ficha didática sobre a análise de palavras quanto à forma das letras.

COPIA:

MENUDO

CAMBALACHO

HELICÓPTERO

ESCREVE AS LETRAS QUE FALTAM:

MENUDO   CAMBALACHO   HELICÓPTERO
M_N_D_   CA_BA_A_HO

DESCOBRE AS TROCAS DE LETRAS E ESCREVE CORRETO EM BAIXO:

O E N U D M   BACMA ALOCH

REPASSA COLORIDO AS LETRAS QUE ESTÃO FORA DO LUGAR:

H O LI CEPTERO

As próximas fichas tratam do grafismo das letras. Atividades semelhantes podem ser feitas a respeito do número de letras ou da letra final.

Análise do Grafismo das Letras

LIGA DE ACORDO COM:

"POSSUI PARTE FECHADA" E "NÃO POSSUI PARTE FECHADA."

LIGA DE ACORDO COM: POSSUI SEGMENTO DE LINHA RETA E OU SEGMENTO DE LINHA CURVA:

LIGA CADA LETRA AO NÚMERO DE PONTINHAS QUE ELA POSSUI.

Nota: todas estas atividades escritas devem vir depois de atividades de manipulação com as letras grandes em madeira.

8. *Atividades em torno de uma vivência*

As atividades em classe terão maior aproveitamento se forem utilizados textos e palavras de um universo semântico relativo a uma vivência atual e significativa para os alunos.

Neste sentido, seguem várias fichas em torno de uma visita feita por duas classes experimentais de escolas da periferia de Porto Alegre à sede do Geempa.

O trabalho iniciou com um texto sobre a visita que ainda não tinha sido realizada, seguindo-se outro ligado à visita efetuada, conforme a seguir.

A VISITA NO GEEMPA

O PASSEIO FOI BOM.

NÓS FOMOS DE CARRO.

ERAM DUAS TURMAS DE ALUNOS.

AS FOTOS ESTAVAM LINDAS.

NÓS COMEMOS CACHORRO - QUENTE PIPOCA, MERENGUE E NEGRINHO.

NA SAÍDA GANHAMOS PRESENTES.

JAMAIS VAMOS ESQUECER ESTE PASSEIO.

ESCREVE NOS PARÊNTESIS O NÚMERO DE LETRAS
DE CADA FRASE.

A VISITA

NÓS VAMOS VISITAR O GEEMPA. (...)
O GEEMPA FICA NUM APARTAMENTO. (...)
O PESSOAL DO GEEMPA ESTÁ FELIZ PORQUE
NÓS VAMOS LÁ. (.....)
O GEEMPA É DE TODOS NÓS. (...)

O GEEMPA

A visita no Geempa

O passeio foi bom.

Nós fomos de carro.

Eram duas turmas de alunos.

As fotos estavam lindas.

Nós comemos cachorro - quente,

pipoca, merengue e negrinho.

Todo mundo dançou.

Na saída ganhamos presentes.

Jamais vamos esquecer este

passeio.

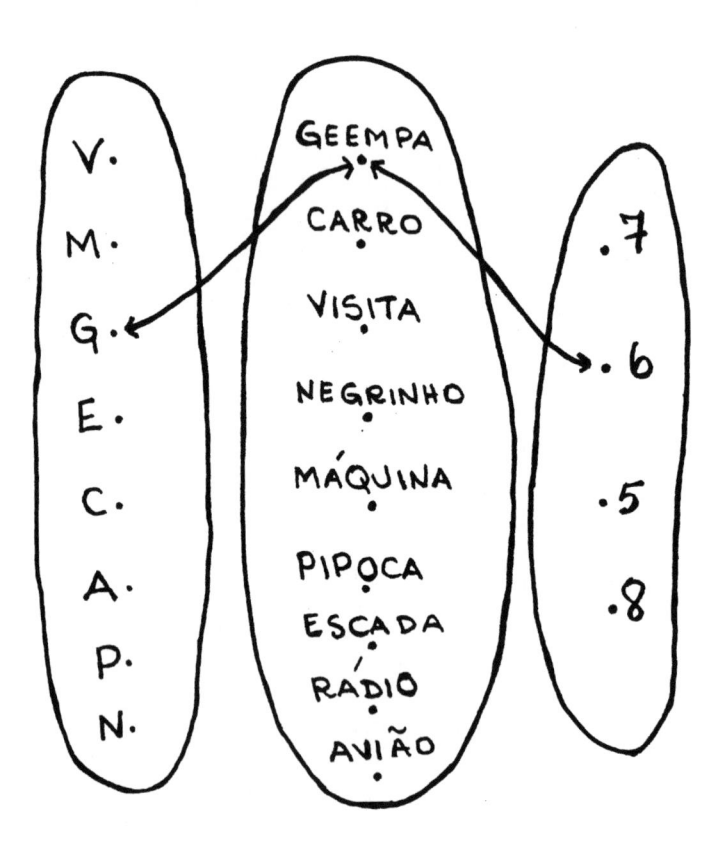

 **COMPLETAR**

GEEMPA	PIPOCA
G_E_ P_	P_P_ C_
AVIÃO	RÁDIO
A_I_O	R_D_O
FOTOGRAFIA	MÁQUINA
F_T_G_A_IA	M_Q_IN_

LIGAR

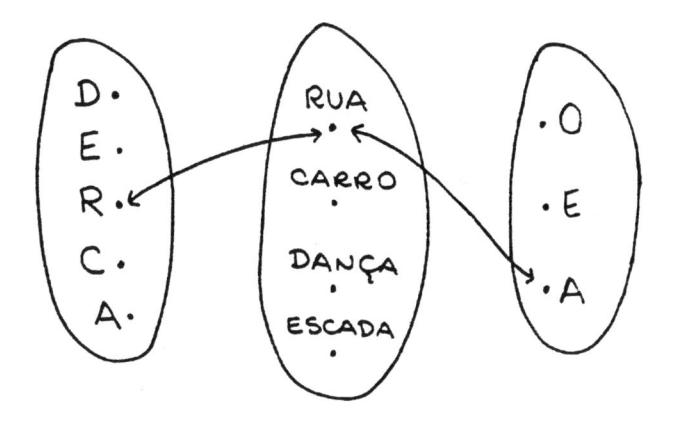

A VISITA NO GEEMPA.

A V_S_T_ NO GE_MP_.

O PASSEIO FOI BOM.
O P_SS_IO F_I B_M.

NÓS FOMOS DE CARRO.
N_S F_M_S DE _ARR_.

ERAM DUAS TURMAS DE ALUNOS
E_AM D_AS T_RM_S DE _L_N_S.

AS FOTOS ESTAVAM LINDAS.
AS F_T_S E_T_V_M L_ND_S.

NÓS COMEMOS PIPOCA, MERENGUE E NEGRINHO.
N_S C_M_M_S PI_O_A, M_RE_G_E E _EGR_N_O.

TODO MUNDO DANÇOU.
T_D_ M_ND_ D_NÇ_U.

NA SAÍDA GANHAMOS PRESENTES.
NA S_ÍD_ G_NHA_OS P_E_ENT_S.

JAMAIS VAMOS ESQUECER ESTE PASSEIO.
J_M_IS V_M_S E_QU_C_R E_T_ P_SSE_O.

Completar

A visita no Geempa
O passeio foi bom.
Nós fomos de carro.
Eram duas turmas de alunos.
As fotos estavam lindas.
Todo mundo dançou.
Jamais vamos esquecer este passeio

A _____ no Geempa

O _____ foi bom.

Nós fomos de _____.

Eram _____ turmas de alunos.

As _____ estavam lindas.

Todo _____ dançou.

Jamais vamos _____ este passeio.

LIGA A PALAVRA AO DESENHO

CARRO
·

PIPOCA
·

URSO
·

AVIÃO
·

CACHORRO-QUENTE

RÁDIO
·

MERENGUE
·

COMPLETAR AS PALAVRAS.

GEEMPA   NEGRINHO   VISITA
G_EM_A   N_G_I_HO   V_S_T_

PIPOCA   CARRO   GATO
P_P_C_   C_RR_   G_T_

LIGAR.

GEEMPA	carro
CARRO	visita
VISITA	geempa
NEGRINHO	apartamento
MERENGUE	merengue
APARTAMENTO	negrinho
	passeio

RECORTA AS LETRAS. DESCOBRE CADA PALAVRA QUE DÁ PARA FORMAR. COLA-AS NO TEU CADERNO.

A E P
E M G

D M O
N I
R I

REFAZER O TEXTO:

AS FOTOS ESTAVAM LINDAS.

O PASSEIO FOI BOM.

TODO MUNDO DANÇOU.

ERAM DUAS TURMAS DE ALUNOS.

A VISITA NO GEEMPA.

NA SAÍDA GANHAMOS PRESENTES.

NÓS FOMOS DE CARRO.

JAMAIS VAMOS ESQUECER ESTE PASSEIO.

NÓS COMEMOS CACHORRO-QUENTE PIPOCA MERENGUE E NEGRINHO.

Nota: nesta ficha, as frases do texto "a visita no Geempa" estão fora de ordem. Pede-se aos alunos que as reordenem, colocando-as no seu caderno de acordo com o texto-base. Para isso, usando tesoura eles as destacam uma a uma, seguindo os traços.

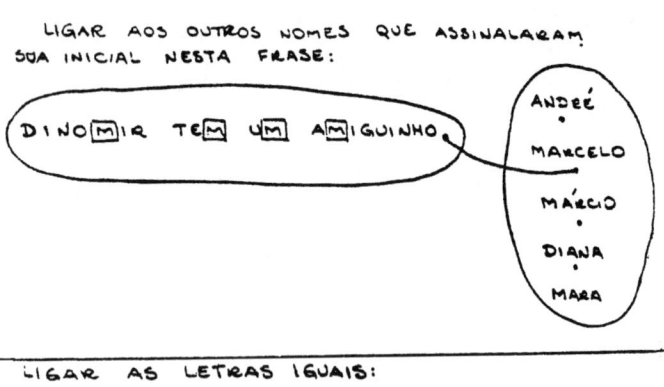

9. Forma e posição das letras

É necessário, ao longo do processo de alfabetização, que a criança faça o reconhecimento das letras, tanto nas suas formas como na posição arbitrária em que as formas devem ser consideradas. Para isso, é importante trabalhar desde os níveis pré-silábicos com muitos alfabetos; junto com os alfabetos, devem estar também algarismos de 0 a 9.

Com eles, muitas atividades podem ser propostas, desde jogos livres de manipulação, passando por jogos de análises das propriedades das letras (possuir, ou não, interiores, número de pontes, ser constituída de curvas e/ou de segmentos retilíneos etc.), até a escrita de palavras.

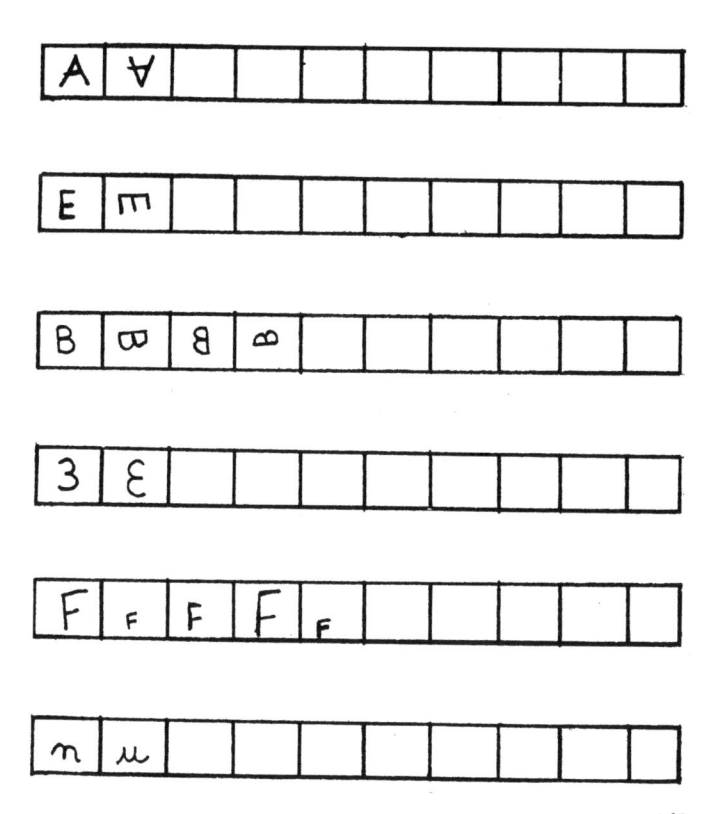

10. *Sons das letras*

A associação do som à letra passa pela dimensão sócio-afetiva das iniciais de nomes que sejam muito significativos às crianças. Através da constatação de que vários nomes começam por certas letras especialmente importantes para elas, as crianças começam a se dar conta de que determinadas letras estão associadas a determinados sons.

Explorar, portanto, o universo das palavras mais significativas às crianças é uma ajuda valiosa para que elas aprendam o som das letras.

Neste sentido, é que propomos o Tesouro*. Nele se escrevem para os alunos os nomes das coisas, pessoas ou animais de que eles mais gostam. Antes de construir o Tesouro individual de cada aluno, propomos o Tesouro da classe, o qual vai sendo enriquecido cada vez que mais uma palavra se torna importante para aqueles alunos. Tanto com o Tesouro da classe como com as palavras dos Tesouros individuais, muitas atividades podem ser realizadas na linha da análise das palavras.

A pesca dos peixinhos com desenhos de objetos e a inicial do nome deste objeto propicia também a ênfase no som inicial das palavras. Isto se dá de modo especial com a colocação de cada peixinho numa geladeira imaginária onde, a cada prateleira, corresponde uma letra do alfabeto. Os objetos desenhados nos peixes são selecionados dentro de uma pesquisa das palavras mais significativas a cada classe de alunos, com iniciais de A a Z.

---

* Tesouro é, para os alunos, um conjunto de escritas significativas.

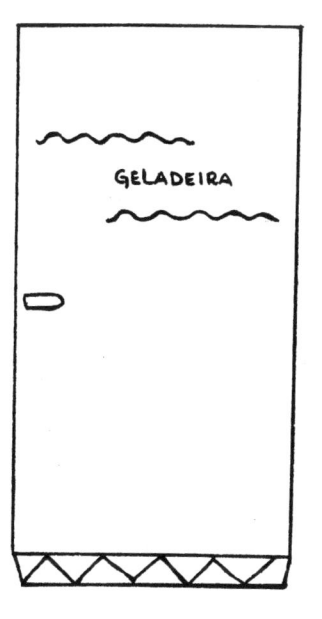

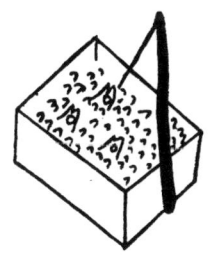

Pescaria e geladeira
Pescaria: cada criança "pesca" um peixinho e coloca na geladeira, no lugar certo: a inicial da palavra ou figura do peixinho.

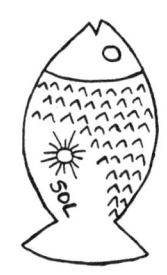

A	B	C	D	E
F	G	H	I	J
L	M	N	O	P
Q	R	S	T	U
V	X	Z		

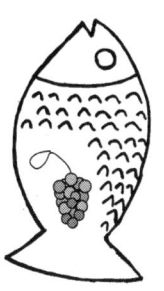

Este livro foi composto na tipografia Garamond Pro, em corpo 10,5/13, e impresso em papel off-set no Sistema Digital Instant Duplex da Divisão Gráfica da Distribuidora Record.